本书受到以下项目资助：广东省教育厅高校科研平台
职学生个性化自主学习评价与干预研究"（项目编号
科技贸易职业学院高层次人才科研启动项目"面向社
应用研究"

经管文库·管理类
前沿·学术·经典

XBRL财务报告元数据
一致性研究

RESEARCH ON THE METADATA
CONSISTENCY OF XBRL FINANCIAL
REPORTING

张颖敏 著

经济管理出版社
ECONOMY & MANAGEMENT PUBLISHING HOUSE

图书在版编目（CIP）数据

XBRL财务报告元数据一致性研究/张颖敏著 . —北京：经济管理出版社，2023.9
ISBN 978-7-5096-9347-6

Ⅰ. ①X⋯　Ⅱ. ①张⋯　Ⅲ. ①可扩充语言—应用—会计报表—元数据—研究　Ⅳ. ①F231. 5-39

中国国家版本馆 CIP 数据核字（2023）第 193157 号

组稿编辑：王　洋
责任编辑：王　洋
责任印制：黄章平
责任校对：王淑卿

出版发行：经济管理出版社
　　　　　（北京市海淀区北蜂窝 8 号中雅大厦 A 座 11 层　100038）
网　　址：www. E-mp. com. cn
电　　话：（010）51915602
印　　刷：唐山玺诚印务有限公司
经　　销：新华书店
开　　本：720mm×1000mm/16
印　　张：10. 25
字　　数：178 千字
版　　次：2023 年 11 月第 1 版　　2023 年 11 月第 1 次印刷
书　　号：ISBN 978-7-5096-9347-6
定　　价：98. 00 元

前　言

　　XBRL（eXtensible Business Reporting Language，可扩展商业报告语言）是基于 XML 的企业报告标记语言，目前主要用于企业对外财务报告的信息处理。经过 20 多年的推广与应用，XBRL 财务报告已经成为最有效的网络财务报告形式，被广泛应用于银行、证券、金融等领域。近年来，中、欧、美、日、韩等国家和地区纷纷强制或鼓励上市公司和金融机构发布 XBRL 财务报告。为了达到 XBRL 财务报告的可比性，XBRL 国际组织和各国监管机构发布了一系列地区、行业的技术和管理规范，力图既满足企业的个性化信息披露需求，又保证 XBRL 财务元数据的一致性。但实践证明，目前尚无有效技术手段保证同一组织先后和多个组织之间的财务元数据一致性。

　　XBRL 财务报告中数据的语义说明是基于 XML 标签元数据的说明。XBRL 分类标准采用 XML Schema 和 XLink 技术规定财务元数据的语义。由于 XLink 语义表达和推理能力上的欠缺，可能导致因财务概念认知歧义和实际业务差异而误用、误增概念及其产生约束关系。因而，如何运用本体方法，实现财务元数据的语义形式化和一致性控制是我们面临的主要挑战。目前学术界已有应用语义 Web、本体等方法实现 XBRL 财务元数据语义形式化的研究，主要局限于单一 XBRL 分类标准的初步探索，在 XBRL 时态知识表示与多个组织之间的 XBRL 数据语义映射、分析和智能化处理方面的工作几乎空白。提高多个组织之间的 XBRL 财务元数据一致性控制水平是达到全球范围的 XBRL 财务数据可比性的基础，进而实现 XBRL 财务报告更广泛的共享和高效利用。

　　描述逻辑作为形式本体的逻辑基础，具有很强的表达能力，被广泛应用于语义形式化和逻辑推理上。为解决 XBRL 财务元数据的精确语义表达问题，构建高效的 XBRL 财务元数据描述体系，本书首先引入描述逻辑，针对 XBRL 财务数据的时态特征，提出时态描述逻辑 TDL_{BR}，研究其形式化表达以及版本管理问题。进一步分析 XBRL 的分布式使用环境，提出一种分布式扩展的描述逻辑 $DTDL_{BR}$，构建基于描述逻辑的 XBRL 财务元数据形式化与一致性检验体系。本书的主要研究成果包括以下四个方面：

（1）构建适合时态 XBRL 语义表达的描述逻辑 TDL_{BR}。

在分析同一组织的 XBRL 财务元数据的时态特征的基础上，对传统描述逻辑进行时态扩展，构建适合时态 XBRL 形式化表达的时态描述逻辑 TDL_{BR}，并给出相应的推理规则、推理任务与推理定理，构造其 Tableau 算法，并证明算法的可终止性、可靠性、完备性以及推理的可判定性，从理论上证明时态描述逻辑 TDL_{BR} 的有用性和有效性。在此基础上对本地的 XBRL 元数据进行形式化表示，通过本体工具建立基于 TDL_{BR} 的本体，用实例证明形式化逻辑的正确性、有效性。

（2）XBRL 语义形式化表达的优化，构建非极端情况下的高效推理规则库。

分析 XBRL 分类标准中的链接库文件对 XBRL 财务元数据之间的关系描述，发现五大链接对财务元素的语义表达有明显的重复性。根据财务数据的报送要求，确定五大链接库中的必要关系以及可转化的关系描述，并从描述逻辑 TDL_{BR} 的形式化表达需求的角度，对 XBRL 财务元数据的语义表达规则进行优化。通过本体一致性检验的实践证明，该优化方法是有效的，并且可以大大减少 XBRL 财务元数据的推理规则，提高推理效率。

（3）基于时态描述逻辑 TDL_{BR} 的 XBRL 版本管理。

分析 XBRL 财务报告版本变化的特征，具有明显的时态管理特点。根据 XBRL 版本管理规范中对变化前后两个可发现分类集（From-DTS、To-DTS）、与版本变化相关的事件、行为和任务的关系描述，在详细分析 XBRL 版本管理报告的语义和语法解释的基础上，提出基于时态描述逻辑 TDL_{BR} 的 XBRL 版本管理框架。该框架通过时态描述逻辑 TDL_{BR} 对 XBRL 版本报告时态操作的形式化表示，可以支持 XBRL 版本报告的时态推理演算，并进一步给出基于描述逻辑的 XBRL 版本报告的自动生成的处理流程。最后，结合现有的元数据存储库，实现 XBRL

版本变化数据的存储和查询。

（4）构建多个组织之间的 XBRL 集成模型。

针对多个组织之间 XBRL 元素概念定义的多义性特点，构建多个组织之间的 XBRL 集成模型。该模型选取 XBRL 国际通用标准为参照本体，通过引入包含桥规则，实现多个 XBRL 分类标准与实例文档元数据与 XBRL 国际通用标准之间的映射，进而达到不同 XBRL 财务信息之间的共享与集成。进一步研究描述逻辑的分布式扩展，提出适合多个组织之间的 XBRL 财务元数据语义形式化的分布式时态描述逻辑 $DTDL_{BR}$，指出相应的推理任务以及分布式 Tableau 推理算法，并证明该推理算法具备可终止性、可靠性和完备性。最后通过开发基于 Jena 推理规则的逻辑推理原型系统实现对同一组织和多个组织之间的 XBRL 分类标准元数据的一致性检测，证明分布式时态描述逻辑 $DTDL_{BR}$ 推理算法的有效性和正确性。

目　录

第一章　绪论 ……………………………………………………… 1

一、研究背景 ……………………………………………………… 1

二、研究意义 ……………………………………………………… 4

三、国内外相关研究现状 ………………………………………… 7

（一）XBRL 本体化 …………………………………………… 7

（二）XBRL 元数据语义及其形式化 ……………………… 10

（三）XBRL 智能化应用 …………………………………… 13

（四）XBRL 一致性及其集成处理 ………………………… 14

（五）描述逻辑的时态与分布式扩展 ……………………… 16

四、研究内容与方法 …………………………………………… 18

五、主要创新点 ………………………………………………… 24

第二章　理论基础 ……………………………………………… 26

一、会计信息系统论 …………………………………………… 26

（一）会计信息系统概述 …………………………………… 26

（二）基于价值法的会计信息系统 ………………………… 27

（三）基于事项法的会计信息系统 ………………………… 27

二、语义 Web …………………………………………………… 28

（一）语义 Web 概述 ………………………………………… 28

（二）语义 Web 的层次模型 ······· 29

（三）语义 Web 与知识表示和智能推理 ······· 30

三、本体方法 ······· 31

（一）本体的定义 ······· 31

（二）本体的功能 ······· 32

（三）本体的管理 ······· 33

四、描述逻辑 ······· 34

（一）描述逻辑系统的构成 ······· 34

（二）基本描述逻辑语言 AL 及其扩展 ······· 35

（三）描述逻辑系统的推理任务 ······· 37

第三章　XBRL 财务元数据的一致性控制框架 ······· 39

一、XBRL 体系框架分析 ······· 40

（一）XBRL 分类标准 ······· 40

（二）XBRL 实例文档 ······· 43

二、XBRL 报告的应用流程 ······· 44

（一）XBRL 的应用主体 ······· 44

（二）XBRL 的应用流程 ······· 45

三、XBRL 财务元数据的一致性控制需求 ······· 47

（一）同一组织的 XBRL 一致性控制需求 ······· 49

（二）多个组织之间的 XBRL 一致性控制需求 ······· 50

四、基于语义的 XBRL 财务元数据一致性控制框架 ······· 51

（一）分类标准元数据一致性控制模块 ······· 52

（二）实例文档元数据一致性控制模块 ······· 53

（三）多个组织之间的 XBRL 数据一致性控制模块 ······· 53

五、关键技术 ······· 55

（一）元数据语义的形式化表达与检验 ······· 55

（二）数据转换 ······· 55

（三）数据存储 ······· 56

（四）异构分类标准的映射 ·································· 57

　六、本章小结 ·· 58

第四章　时态描述逻辑 TDL$_{BR}$ 及其推理算法 ············ 59

　一、时态描述逻辑 TDL$_{BR}$ ······························· 60

　二、时态描述逻辑 TDL$_{BR}$ 的推理任务 ················· 62

　三、时态描述逻辑 TDL$_{BR}$ 的性质 ······················ 63

　四、时态描述逻辑 TDL$_{BR}$ 的推理算法 ················· 64

　　（一）TDL$_{BR}$ 的 Tableau 算法 ························ 64

　　（二）TDL$_{BR}$ 的 Tableau 算法性质 ················· 66

　　（三）TDL$_{BR}$ 的 Tableau 算法复杂度 ·············· 68

　五、时态描述逻辑 TDL$_{BR}$ 的推理过程 ················· 69

　六、本章小结 ·· 70

第五章　基于 TDL$_{BR}$ 的 XBRL 元数据形式化与链接库优化 ········ 71

　一、XBRL 财务元数据的 TDL$_{BR}$ 形式化 ·············· 71

　　（一）XBRL 元模型结构 ······························· 72

　　（二）XBRL 元类的 TDL$_{BR}$ 形式化 ················· 74

　　（三）XBRL 元数据的 TDL$_{BR}$ 形式化 ·············· 76

　二、XBRL 元素关系的形式化表达优化 ··················· 77

　　（一）XBRL 的扩展链接关系 ························· 78

　　（二）XBRL 扩展链接库的优化 ····················· 79

　　（三）链接库选取后的 XBRL 推理效率分析 ········· 82

　三、XBRL 财务元数据的 TDL$_{BR}$ 形式化验证 ········· 82

　　（一）财务元素的形式化 ····························· 84

　　（二）财务元素之间关系的形式化 ··················· 86

　　（三）结果分析 ······································· 88

　四、本章小结 ·· 89

第六章　XBRL 财务报告的版本管理 ·················· 90

一、XBRL 分类标准的版本管理 ·············· 91

二、XBRL 版本管理报告 ·················· 92

　　（一）XBRL 版本管理报告的结构 ·········· 93

　　（二）XBRL 版本管理报告的语义与语法解释 ······ 94

三、基于语义的 XBRL 分类标准版本管理 ········· 96

四、本章小结 ························· 100

第七章　XBRL 财务报告的共享与集成 ·········· 101

一、多个组织之间的 XBRL 的集成模型 ········· 102

　　（一）构建 XBRL 参照本体 ·············· 103

　　（二）多个组织之间的 XBRL 映射 ·········· 103

二、XBRL 的描述逻辑分布式扩展 ············ 105

　　（一）分布式描述逻辑 DTDL_{BR} ·········· 105

　　（二）DTDL_{BR} 的基本语法 ·············· 105

　　（三）DTDL_{BR} 的语义解释 ·············· 107

三、多个组织之间的 XBRL 的推理任务 ········· 108

四、DTDL_{BR} 的 Tableau 算法 ·············· 110

　　（一）DTDL_{BR} 的 Tableau 算法描述 ········· 110

　　（二）DTDL_{BR} 的 Tableau 算法性质 ········· 111

五、本章小结 ························· 111

第八章　XBRL 财务元数据的一致性检测实证分析 ····· 113

一、XBRL 的一致性检验 ················· 114

　　（一）分类标准元数据一致性检验 ·········· 115

　　（二）实例文档一致性检验 ·············· 118

二、XBRL 财务元数据一致性检验实证 ········· 119

　　（一）元数据存储库 ·················· 120

（二）单个 XBRL 本体的建立 ·· 122

（三）单个 XBRL 本体的一致性检验 ······························· 124

（四）多个组织之间的 XBRL 本体的一致性检验 ········· 126

（五）实证结果分析 ··· 128

三、冲突消解 ·· 129

（一）同一组织的 XBRL 分类标准元素概念定义的冲突消解 ······· 130

（二）同一组织的 XBRL 分类标准元素关系的冲突消解 ········· 130

（三）多个组织之间的 XBRL 分类标准元数据的语义冲突消解 ····· 130

四、本章小结 ·· 131

结　论 ··· 132

参考文献 ··· 135

附录 1 ··· 142

附录 2 ··· 147

附录 3 ··· 152

第一章　绪论

一、研究背景

  财务报告作为会计信息系统的最终产品，将直接面向各种用户，其质量的高低是其被有效利用的关键，只有高质量的财务报告，才能满足用户的需求。自从1999年以来我国财政部已经连续24年在全国范围内展开涉及国民经济基础行业以及上市公司等企业的会计信息质量的检查，并向社会发布会计信息质量公告。检查结果表明[1]，近年来企业的会计信息质量逐步提高，但会计信息失真的问题依然存在，少数企业甚至存在严重的造假行为。而会计信息质量的问题会直接影响投资者的投资意向[2]。随着经济环境的变化，财务目标不断演变，投资者、债权人和监督机构等利益相关者需要获取企业更多的财务和非财务信息，以判断决策是否正确，受托责任是否得到可靠执行等。而传统的财务报告基于固定的用户需求假设，提供的财务信息在"时间"和"空间"上都日趋不能满足用户的需求。再者，财务信息是否有价值、能否被使用者利用，主要取决于信息的加工处理过程。正是基于上述财务信息的需求以及传统财务报告模式在信息处理方面的不足，而在信息技术的助力下，产生了新型的网络财务报告模式——XBRL（eXtensible Business Reporting Language，可扩展商业报告语言）网络财务报告。

  XBRL由美国注册会计师查尔斯·霍夫曼（Charles Hoffman）在1998年提

出，经过 25 年的应用推广，得到了迅速的发展，目前已被世界公认是最有效的网络财务报告形式。XBRL 是一种基于 XML（eXtensible Markup Langulage，可扩展标记语言）格式的全球化标准的标记语言，主要用于互联网环境下会计信息的处理。XBRL 为商业事实中的财务元数据提供可以唯一标识的标签[3]，使用者可以利用 XBRL 应用程序提取数据，实现电子报告的自动生成、储存和发布，并能满足智能化信息搜索和个性化信息分析的需求。XBRL 具有可跨平台使用、支持多种格式输出和快速、准确搜索等技术优势，为财务报告信息的准备、生成、分析、传输和比较利用提供了便利，提升了财务数据的准确性和可靠性。

XBRL 财务报告由技术规范（XBRL Specification）、分类标准（XBRL Taxono-my）和实例文档（XBRL Instance Documents）组成。其中，技术规范是 XBRL 技术框架的基础，规定了分类标准和实例文档的语法和语义结构，是 XBRL 分类标准和实例文档编制的依据。分类标准则根据具体的技术规范、行业标准（如企业会计准则等）定义了各个财务元素的概念，并通过 XLink 技术描述了财务元素之间的关系。实例文档则是具体财务数据的实例值，是供使用者获取和分析利用的财务信息。上述三个部分相互依存，组成了一套包括财务领域相关术语集与术语实例化的 XBRL 财务报告。

XBRL 财务报告模式自从诞生以来，已在世界范围内迅速发展起来，包括美国、欧洲、日本、韩国、加拿大等国家和地区的证券交易所、金融监督机构和相关政府部门在 XBRL 国际组织公布的技术规范的基础上，根据本国和地区的会计准则和行业标准制定相应的分类标准，开展 XBRL 应用项目。2006 年 9 月，美国证券交易所（SEC）启动了"信息互动平台"，用户利用该平台可以获取实时互动信息以进行相关的信息挖掘[4]。SEC 于 2009 年制定的美国通用分类标准 US_GAAP 在同年 4 月获得了 XBRL 的批准级别，是目前唯一被评为批准级别的分类标准。美国在 XBRL 数据分析与处理技术方面也取得较快的发展，已开发了多套 XBRL 的数据分析软件，而政府也在不断扩大 XBRL 的报送范围，以提高企业信息的透明度。日本是亚洲最先应用 XBRL 技术的国家[5]，早在 2001 年就成立了 XBRL 地区组织，并于 2001 年 6 月启动了 EDINET 的 XBRL 信息披露平台，可供使用者下载 XBRL 数据并进行有效的分析。日本 2008 年启动的新 EDINET 能提供约 5000 家公司、月 3000 家投资基金的 XBRL 财务信息。韩国于 2007 年开始其

XBRL 应用项目，其中的金融监管报送系统 DART 于 2011 年升级改造后，目前有 1800 家上市公司通过该系统报送 XBRL 财务信息。澳大利亚财政部 2006 年首先推出其 XBRL 应用项目 SBR，该项目由多个政府机构共同参与，截止到 2013 年，已经有 109 家软件企业参与到项目中，收集了约 127000 份 XBRL 报告。欧盟由于各成员国的治理结构不统一，尚未形成统一的 XBRL 系统，但也逐步要求银行、证券和保险行业报送 XBRL 财务报告，银行、证券和保险三大监管行业也对 XBRL 的应用提出了初步的路线图。而欧盟内部成员国也在积极探索 XBRL 的应用，截至 2013 年已经有 15 个成员国启动至少 50 个 XBRL 项目。

　　我国在 XBRL 领域的研究和应用起步较早，在包括财政部、原银监会、证监会、原保监会、国资委等政府相关部门的推动下，XBRL 的推广应用方面取得了长足的进展。2000 年，我国财政部积极引导理论界开展 XBRL 相关研究[6]。2004 年，中国证监会信息中心成立了 XBRL 工作小组，上海、深圳证券交易所在中国证监会的统一领导下，先后成功将 XBRL 应用于上市公司的年报，标志着 XBRL 实施的初步成功。2007 年，我国以中国会计准则委员会的名义申请加入了 XBRL 国际组织，XBRL 相关工作进一步与国际接轨。财政部和国家标准化委员会于 2010 年分别发布企业会计准则通用分类标准和 XBRL 技术规范系列国家标准，2011 年 6 月，首批 18 家银行企业在财政部相关技术规范的指引下成功实施 XBRL，报送 XBRL 格式的财务报告。2012 年，财政部进一步发布了《关于地方国有大中型企业实施企业会计准则通用分类标准的通知》，2013 年实施通用分类标准的地方范围进一步扩大，由 2012 年的 17 个省、市扩展到除西藏、贵州、青海外的 34 个省、自治区、直辖市、计划单列市，参与实施的地方企业也从 2012 年的 82 家增加到 169 家[7]。2014 年财政部要求各大型公司继续实施并报送 XBRL 格式财务报告，XBRL 的推广应用将扩展到更多的企业，标志我国 XBRL 的发展进入新的里程。

　　近年来，XBRL 技术得到国内外政府和相关组织机构的广泛认可和高度重视，取得了快速的发展。各国也普遍达成合作共识，要加强 XBRL 应用实施中的交流，定期举办 XBRL 学术以及推广应用大会，这将为 XBRL 全球化推进提供坚实的支持。可以看出 XBRL 财务报告必将成为未来财务报告的主流。

二、研究意义

元数据的一致性问题包括语法一致性和语义一致性两种类型。其中，语法一致性是指元数据的描述是符合一定的建模语言语法，语法一致性可以保证数据具有良结构。互联网之父 Tim Berners-Lee 认为语义 Web 的语义是形式符号的指称[8]。因此，语义一致性在语义 Web 的层面来说，是指形式化的符号与其指称的对象是否一致的问题。本书从语义 Web 的角度研究 XBRL 财务元数据的语义，因此，对于 XBRL 财务元数据而言，其语义一致性是指 XBRL 财务元数据对应的概念及其概念关系的描述是否与该财务元素的含义描述一致。

XBRL 是基于 XML 的标记语言，具有明显的可扩展性。各国和地区、行业可以根据自身的情况在 XBRL 的基本元素的基础上进行扩展，建立合适的分类标准元素。即使对同一公司，在不同的时间也会有不同的元数据表达需求，XBRL 财务信息具有典型的多义性特点。如何保证在不同分类标准下的 XBRL 财务数据的可比性，提高 XBRL 财务元数据的一致性质量，实现多个组织的 XBRL 财务数据的共享与集成，是 XBRL 财务数据智能化处理、分析和推广应用的关键。

为了保证 XBRL 的现有投资成果、促进 XBRL 的全球推广应用，抓住机遇推动 XBRL 发展前进，XBRL 国际标准化委员会（XSB）于 2010 年 10 月制定了 XBRL 核心愿景文件，提出了 XBRL 的六项行动计划（XBRL Initiatives）[9]：①创建抽象模型，为理解 XBRL 提供概念框架，便于开发者更好地理解 XBRL，并为实施 XBRL 解决方案提供坚实的基础。②生成 XBRL 培训资料，为开发者以及新了解 XBRL 的人提供高质量的培训资料，包括各种规范、程序、实施案例等。③定义标准的应用程序 API 接口，以帮助开发者实现其 XBRL 解决方案。④重组技术规范，使现有的规范更易于理解。⑤加强数据之间的可比性，从而使 XBRL 数据在不同的项目乃至国际上得到更广泛的范围推广应用。⑥开发应用组件，把 XBRL 技术规范分成独立的组件，从而缩小 XBRL 实施的范围，提高 XBRL 的实施效率和灵活性。

其中，在抽象模型方面，XBRL 国际组织于 2011 年发布了 XBRL 抽象模型 1.0，并在 2012 年修订并发布了 2.0 版，该抽象模型较之前的 1.0 版本的概念模型更详尽和易于理解。不少学者在 XBRL 建模方面进行了相关的研究，如针对数据建模的需要，吕科和谷士斌（2008）以面向对象的数据建模方法，通过统一的建模语言（UML）构建了 XBRL 的数据模型[10]。刘锋（2012）提出了基于语义 Web 层级结构的 XBRL 技术模型[11]，并以该技术模型改进整个 XBRL 应用体系的系列技术规范。王东（2013）针对 XBRL 的语义关系，提出了 XBRL 语义元模型[12]，为 XBRL 的语义表达提供了有益的思路。上述工作在一定程度上深化了对 XBRL 系统的理解，明确了 XBRL 规范的概念框架。

　　在 API 应用程序接口方面，包括美国等多个国家致力于开发 XBRL 的各种应用程序，并取得了显著的进展。例如，XBRL 国际组织开发发布的一致性套件应用程序，XBRL 分类标准和实例文档编辑软件等，以及前述各国的 XBRL 应用项目，能在一定程度上满足用户的信息获取、分析。但这些项目大部分都是基于本地区的应用，尚未能突破地域的界限。

　　XBRL 技术规范是 XBRL 体系框架的纲领性文件，规范了 XBRL 的文档结构以及文档中的术语定义。XBRL 技术规范包括基础技术规范和扩展技术规范[10]。其中，基础技术规范至今经历了四个版本的变更，从 2000 年 7 月 XBRL 国际组织发布的 XBRL 技术规范 1.0 版，更新到 2001 年的 2.0 版以及 2003 年标志性的 2.1 版，目前的最新版是 2011 年 10 月的 XBRL 技术规范 2.1 修订版。此后，XBRL 国际组织相继推出了包括维度（Dimensions）、公式（Formula）、版本（Versioning）、内嵌（Inline）等多个扩展技术规范，以满足 XBRL 多维信息比较与分析、复杂函数关系表达、版本管理以及通过浏览器内嵌 XBRL 程序进行实力文档的浏览等应用需求。目前，XBRL 技术规范不断扩充、完善，但存在链接关系复杂，语义表达能力不足等问题。

　　在数据可比性方面，XBRL 国际组织提出了数据整合以及改善相似概念在不同分类标准、不同时期之间的可比性的要求[8]，促进了 XBRL 数据整合方面的发展，但在涉及多个组织之间的 XBRL 数据可比性方面仍然存在以下问题：一是虽然 XBRL 遵循统一的 XML 格式，具有一定的规范性，但是其可扩展的特点，导致 XBRL 报告元素概念定义的歧义。二是各国遵循的行业规范不一样，导致

XBRL 元素的关系定义不一致，而缺形式化语义表达，则很难进行进一步的比较分析与商务智能方面的应用。三是缺乏理论基础，难以支持 XBRL 的长足发展。虽然学术界对 XBRL 的研究较多，但目前并未形成完整的理论体系，而只有坚实的理论体系作支撑才能支持 XBRL 的长足发展。譬如在 XBRL 分类标准开发上，各国都是根据自身的实际业务需要制定相应的分类标准，缺乏理论基础支撑，因此，降低了多个组织之间分类标准的可比性，导致数据的不可集成性。

本书将从 XBRL 的行动计划出发，以 XBRL 财务报告元数据的语义形式化为立足点，从逻辑的角度，研究多个组织的 XBRL 元数据一致性问题，以提高多个组织之间的 XBRL 财务元数据的可比性，进而为 XBRL 财务数据的深层次数据挖掘与商务智能应用提供理论和技术支持。具体将分析同一组织的 XBRL 财务数据的时态特征，构建适合时态 XBRL 财务元数据形式化表达的时态描述逻辑 TDL_{BR}，并构建其可判定的 Tableau 推理算法。在此基础上，研究 XBRL 分类标准中财务元素关系表达的必要性和可替代性，寻找提高推理效率的链接库优化方法。在保证 XBRL 时态数据语义的精确表达的基础上，研究 XBRL 时态变化的分类标准版本管理的需求，通过时态描述逻辑 TDL_{BR} 对 XBRL 版本信息的形式化表达实现 XBRL 分类标准版本的结构化管理。最后构建多个组织之间的 XBRL 数据集成与映射模型，在保证单个 XBRL 元数据一致性的基础上，研究多个组织之间的 XBRL 概念定义的多义性，提出基于包含桥规则的分布式描述逻辑 $DTDL_{BR}$ 的映射规则来实现多个 XBRL 数据的共享与集成，并研究其一致性推理的 Tableau 算法。在上述理论的支持下，通过开发系统原型，具体包括开发数据转换程序接口，应用 Protégé 本体编辑工具以及 Pellet 和 Jena 推理机实现对单个 XBRL 元数据以及多个组织之间的 XBRL 分类标准财务元素概念的一致性检验，以验证本书提出的逻辑理论的可行性、有效性和正确性。

本书具有以下研究意义：

（1）理论意义。

提出适用于 XBRL 时态数据的形式化表达描述逻辑理论 TDL_{BR}，从逻辑的层面保证 XBRL 财务元数据的一致性，为 XBRL 财务数据的自动、半自动推理提供逻辑理论基础。提出基于语义的 XBRL 分类标准版本管理框架，为 XBRL 版本管理提供结构化的解决方案，为 XBRL 版本数据的分析、比较提供更高效的理论与方法支持。构建多个组织之间的 XBRL 集成模型，为多个组织之间的 XBRL 财务元数据的共享、映射与集成提供理论支持。

（2）实用意义。

本书立足于 XBRL 分布式时态知识的形式化表达与推理，将为推动多个组织之间的 XBRL 财务元数据的形式化理论的发展提供原型和实现方式。为提高 XBRL 网络财务报告供应链的数据分析质量提供新的思想和参考，为我国 XBRL 体系建设和相关政策制定提供科学依据和技术支持。

三、国内外相关研究现状

随着 XBRL 在全球范围内的推广应用，各国和地区纷纷根据本国和地区的行业规范特点开展 XBRL 的应用项目，各大证券交易所也都陆续要求上市公司报送 XBRL 格式的财务报告，XBRL 受到广泛的关注，而学术界围绕着 XBRL 的研究也越来越多。

目前，国内外学术界和产业界对 XBRL 的研究与推广主要集中在同一组织单个分类标准的完善与扩展，实例文档的发布，以及 XBRL 对资本市场和企业信息链的影响等方面，对于多个组织之间的 XBRL 财务数据的交互与智能化推广应用方面的研究几乎空白。综观国内外的研究，对 XBRL 智能化分析应用方面的研究主要集中于采用本体、基于语义等理论和技术展开，下面将结合本体方法以及 XBRL 的智能化应用等相关研究进行总结。

（一）XBRL 本体化

XBRL 本体化是指从本体的角度研究分析 XBRL 体系，通过引入 XBRL 具体的领域本体，实现对 XBRL 本体的构建以及更新管理。研究领域本体化即通过对某个领域公认的、共享的概念以及关系形式化说明来达到计算机对该领域概念的"可理解"。

Gruber（1993）认为"本体是一个共享概念的形式化、明确的说明"[13]。Guarino（1998）则明确指出，本体由用于描述特定现实世界的一个词汇表，加上一组明确的、关于词汇表单词预定含义的假设构成。这些词汇与对词汇约束的假设的集合通常被称为形式本体[14]。

XBRL 体系由 XBRL 技术规范、分类标准和实例文档三个部分组成。其中，XBRL 分类标准是各国和地区对各行业共享的概念词典，包含了行业公认的概念以及概念之间的关系，具体实施 XBRL 的应用单位可以根据自身的实际情况以及商业报告报送的要求在通用分类标准的基础上进行规范性的扩展。因此，XBRL 分类标准是实现 XBRL 财务报告语义规范化的核心，对这些共享概念和关系的形式化表达可以实现商业领域的知识挖掘。

XBRL 分类标准具有一定的领域本体特征，包括行业的共享概念，可重复性和可扩展性等，因此学术界对 XBRL 本体化的研究主要围绕 XBRL 分类标准展开。

1. 直接构建 XBRL 领域本体

本体在知识表示、语义检索等方面具有明显的优势，是实现机器自动推理和智能化信息服务的基础[15]，不少国内外学者从本体工程的角度，研究和探讨构建 XBRL 领域本体的方法。

Lara 等（2006）从本体工程的角度出发，构建 XBRL 的投资基金分类标准，并提出从该分类标准转换为 OWL 本体的过程[16]，该方法对于本体的构建、管理分析应用具有一定优势，虽然只是针对科技投资基金领域信息的转换，但对于 XBRL 其他行业分类标准转换成 OWL 领域本体具有参考价值。

NÙÑEZ 等（2008）从本体语义的角度出发，对财务概念进行本体定义，并对本体概念与特定分类标准元素之间建立关联，提出通过 XBRL 分类标准和实例文档的语义表示实现对会计信息的分析[17]，该思想可以实现 XBRL 使用者对不同分类标准本体下的财务报告进行比较分析。

Spies（2010）从概念分层的角度，分析了 XBRL 报告的结构及其元数据分类，根据概念层次的本体建模原则，提出了构建通用 XBRL 本体表示的方法，以 UML 类建模的方式展示了 XBRL 财务数据的整体部分层级结构[18]，该方法服从对象管理组织（OMG）的公共仓库元模型（CWM）规范和本体定义元模型（ODM），具有通用性，但该本体的表示方法还局限在图形表示的层面，在形式语义推理方面有所不足。

吴忠生等（2013）从国内商业报告供应链的角度，分析了 XBRL FR 和 XBRL GL 两者的在商业报告供应链上的应用领域和数据特征方面的差异，提出通过建立混合本体的方法来解决 XBRL 本体的构建[19]，该方法首先建立能涵盖商业报告供应链上所有数据源的全局本体，其次针对不同的数据源，建立局部本体，最后通过建立全局本体与局部本体之间的映射来消除局部本体之间的异构问题，实现本体的集成。该方法为商业报告供应链中的本体构建提供了框架思路，但仍处于理论探索阶段，对于语义一致性检验等问题未有深入的分析与论述。

以上学者的研究都提出了构建 XBRL 本体，并在一定程度上分析了 XBRL 领域本体与分类标准之间的转换关系，这些方法为构建 XBRL 本体提供了思路，但对于本体构建后的语义形式化表示问题仍未见有详细的报道。

2. 以本体论为理论基础，指导 XBRL 分类标准的构建与扩展

重构 XBRL 领域本体是一项复杂的系统工程，更多学者从 XBRL 分类标准的本体特征出发，研究对其进行扩展，寻求构建 XBRL 本体的理论和方法。

姚靠华等（2009）认为 XBRL 分类标准具有一定的本体特性，但要真正构成完善的领域本体结构，必须解决可重用性、知识发掘性和语义表达自动一致性检查的可靠性问题[20]。这一思想为 XBRL 在智能化应用提供了参考方向，但文中对这些关键的问题的解决未给予明确的解答。

杨周南等（2010）从本体工程的角度出发，认为 XBRL 分类标准通过 XBRL 语言把专家的专业认知规则映射成可应用的知识体系，需要本体理论作为理论基础指导[21]，并提出了 XBRL 分类标准认证的方法学体系。该体系对于 XBRL 分类标准本体的认证与评价以及会计信息系统的构建具有指导意义，但对于如何才能构建公认的 XBRL 领域本体在文中未有详细深入的研究。

Li 等（2009）分析了财务数据的特点，也认为 XBRL 技术局限于分类标准的制定规范，不能保证用户对财务信息的需求，提出在 XBRL 规范上进行扩展，对扩展的 XBRL 本体使用语义 Web 技术进行更精确的语义标注，以解决 XBRL 技术

在财务概念、关系分析和财务报告分析中的语义缺失问题[22]，然而对于如何构建精确语义表达的方法体系在文中并未有深入探讨。

高锦萍（2006）在本体论和张天西（2006）提出的财务信息元素论[23]的基础上，探讨以 XBRL 国际组织所发布的标准系列规范以及相关的会计准则、信息披露规则为依据的 XBRL 分类标准制定的理论框架，并以 2005 年上海证券交易所要求上市公司提交的 XBRL 财务年报为实证数据，对 XBRL 财务报告分类标准定义的信息水平、经济后果等进行质量评估[24]，并提出现有 XBRL 分类标准的改进措施，为 XBRL 分类标准本体的构建提供参考信息，然而这些改进措施只针对单个组织的 XBRL 规范，对于多个组织之间的 XBRL 分类标准的交互问题未有研究。

上述研究针对 XBRL 分类标准的本体特征展开分析，通过本体论为分类标准与本体的映射、分类标准的构建方法等提供了有益的思路，然而并未对 XBRL 分类标准的语义描述与有效推理提供有效的技术支持。事实上，只有为 XBRL 分类标准的元数据建立精确的语义表达，才能实现 XBRL 财务数据的自动获取、存储、智能化分析与推理等应用。此外，上述学者的研究大多是关注单个 XBRL 本体的构建，对于多个组织的 XBRL 本体的交互与映射问题较少有深入的剖析。

（二）XBRL 元数据语义及其形式化

XBRL 元数据语义及其形式化是研究 XBRL 财务元数据的语义，以及如何将语义形式化表达以实现计算机的自动化信息传递、数据库存储、自动分析等问题。

XBRL 财务元数据是描述与 XBRL 财务数据有关的背景的数据，具有明确的语义，如何将这些元数据的语义结构和内容关系进行形式化表示，是实现计算机自动化智能化应用的基础。Lee（2004）分析了数据处理过程中元数据的重要性，提出采用一种信息结构图（ISG）的有向图来表达过程元数据的处理语义[25]，但缺乏可进行推理的精确语义。

XBRL 财务报告基于 XML 格式，具备了 XML 的可扩展性，而且经过严格标准化技术规范约束，使其数据具有良格式，而要使计算机可识别 XBRL 报告，必须解决 XBRL 分类标准和实例文档的元数据语义形式化表达问题。随着 XBRL 的逐步推广，对 XBRL 财务数据的自动化处理需求越来越迫切，国内外学者针对 XBRL 的语义及其形式化展开多方面的研究。

Debreceny 和 Gray（2001）认为由于不同公司间财务信息的表示需求不一、使用者搜索技巧不一、互联网搜索引擎的搜索结果众多等原因，对于普通用户来说使用互联网来收集、分析、利用财务信息显得十分困难，而 XBRL 可以通过分类标准中对财务信息语义的标记，实现财务信息的快速精确搜索，加上 XBRL 自身的验证机制，可以在一定程度上提高财务信息的可靠性[26]。

沈颖玲（2004）认为 XBRL 具有语义确切的元数据，能快速、精确地搜索信息，并具有良好的动态分析能力，可以支持向下挖掘追踪数据初始来源的优点[27]，提出了对国际财务报告准则数字化转换中对 XBRL 元素语义的表示要求，这些要求对于解决会计全球化的国家化与国际化的矛盾具有方向性指导意义，然而研究也只是在表层的分析，对于如何实现 XBRL 财务信息的形式化问题并未进行研究。

Declerck 等（2006）认为 XML 格式的 XBRL 模式文件具有一定的语义，而直接通过模式文件来抽取实例文档的财务信息的方法因模式文件缺乏相应的推理支持而存在局限，提出了将 XBRL 分类标准翻译成 OWL 格式，并将其转换成描述逻辑[28]的方法，该方法为 XBRL 财务数据的形式化提供了描述逻辑基础，然而上述研究仅注重将分类标准中模式文件的描述逻辑转化，而未涉及语义更丰富的 XBRL 的分类标准链接库以及呈报具体数据的实例文档的形式化问题。

根据 XBRL 国际标准化委员会 XSB 制订的 XBRL 行动计划[8]，著名的 MUS-ING 项目（2011）提出建立 XBRL 本体，并通过本体的技术实现 XBRL 元数据的形式化表示，用以支持新一代商务智能分析系统[29]。与 XBRL 连接的应用程序通过基于语义的智能化技术集成项目中的知识到本体中，并将其形式化，这个过程中，本体将作为模式为 MUSING 知识基础库服务。MUSING 的合作伙伴德国人工智能研究中心开发了一个类似于 XBRL 本体的系统，该系统通过使用自然语言处理的方法将资产负债表的信息转化到 XBRL 分类标准对应的概念，以此把资产负债表的数据翻译成机器可识别、可处理的、可重用的 XBRL 数据。然而该项目对 XBRL 元数据的形式化以自然语言的转换方式实现，不能保证语义的一致性，而其他的财务或非财务的数据也不一定都能归类到 XBRL 分类标准中。

潘云姗（2011）认为阻碍 XBRL 进一步智能化数据分析与应用的主要原因是缺乏形式化语义，而现有的语义形式化方法主要通过本体技术来表达静态的精确概念及其关系，进一步研究应集中解决分布式异构网络环境中 XBRL 财务元数据的形式语义表达与推理问题[30]，实现不同 XBRL 本体间的不一致检测和推理。文中提出了有益的研究思路，但对多个组织之间的 XBRL 的互操作性问题，以及如何针对分布式本体的动态语义表达等问题均未有涉及。

刘锋（2012）认为 XBRL 技术规范存在语义表达以及智能推理能力不足等问题[10]，而语义 Web 技术可以在这些方面进行改进，进而提出了基于语义 Web 层级结构的 XBRL 技术模型。该模型可以支持改进整个 XBRL 应用体系的系列技术规范，并在此基础上构建了该技术模型支撑下的分类标准。但方法局限在以存货准则生成的分类标准，对于多个组织之间、异构的分类标准的转换问题未展开论述，研究还局限于模型框架阶段。

孙凡和杨周南（2013）认为目前 XBRL 存在着计算机自动化处理程度有限、可表达信息不全面和质量不可靠等问题[31]，阻碍了 XBRL 的深层次应用，他们从语法形式化和语义形式化两个维度出发，分析了 XBRL 的技术体系存在着基本元素和规则定义不足的语法形式化问题以及在语义形式化方面存在句子的语义表达不足等语言学形式化问题，并提出了扩展技术规范、重构分类标准、规范实例文档等一系列改进策略。该研究从语言学的角度分析了 XBRL 技术体系在语法、语义的不足。然而 XBRL 是基于标记技术的语言，与一般的语言学形式化问题有所区别，而研究中并未关注关键的语义表示问题。

事实上，只有为 XBRL 财务元数据进行精确的语义表达，才能利用计算机进行财务信息的自动获取、智能化数据处理与分析应用，实现 XBRL 财务数据一致性的自动、半自动检测与知识推理，从而有效控制 XBRL 财务报告的数据呈报质量。上述研究从不同的角度对 XBRL 的语义展开论述，然而大多只是提出了思想框架，这些思路对于明确 XBRL 财务报告的语义形式化具有一定的借鉴意义，但都局限于理论的层面以及静态的语义表达上，而且都是基于单个组织的 XBRL 来扩展财务数据的语义，对于如何实现多个组织之间的 XBRL 语义的形式化表达与推理研究中未见有创新的技术和手段支撑。

（三） XBRL 智能化应用

XBRL 智能化是 XBRL 数据的自动、半自动知识推理的过程。XBRL 的优势在于实时的数据获取以及一定的检测机制，如何实现 XBRL 商业数据的智能化应用是许多学者在 XBRL 商业报告知识管理领域中讨论的热点。

Chamoni（2007）分析了 XBRL 分类标准在概念整合方面存在的缺陷，影响了其进一步的发展，提出了一个五阶段的商业智能成熟模型，并认为 XBRL 在各个阶段可以加强决策支持系统的功能，而商业智能技术可以支持 XBRL 财务数据和其他商业数据的分类标准整合[32]，但对于解决 XBRL 的分布式资源的整合与深层次的商务智能应用的关键问题并未进行详细的讨论。

王舰等（2010）认为 XBRL 使数据的收集变得更加容易，有利于推动会计全面信息化和财务智能化[33]，并研究设计了两种策略实现会计信息智能化应用，然而这些策略只是从理论的层面提供了思路，而且该研究侧重于会计人才培养的角度，未能对 XBRL 的智能化应用的关键技术展开研究。

潘定（2011）分析了 XBRL 对商务智能的作用和应用融合的需求，认为缺少形式语义是实现融合的主要障碍[34]，并从本体的角度研究 XBRL 与商务智能（BI）的多领域语义集成方法，根据 BI 成熟度模型提出了 BI 发展环境中 XBRL 与应用融合的语义增强机制和研究框架。该框架为 XBRL 与商务智能的应用融合指明了研究思路，但未涉及商务智能中的语义形式化表达问题。

Alles 和 Piechocki（2012）分析了标记数据在决策治理的影响，肯定了 XBRL 在改善信息质量和公司治理方面的作用，分析了 XBRL 技术规范中标记数据的特征，提出了 XBRL 加强公司智能化治理决策的技术框架[35]，该框架可提高标记数据的交互性、支持实时报送、持续审计等。

目前对于 XBRL 智能化推理与应用的有关研究还比较少，更多的是集中在理论的层面，很少有对 XBRL 智能化应用的关键有效方法进行详细深入报道。

（四） XBRL 一致性及其集成处理

XBRL 一致性及其集成处理包括 XBRL 数据的一致性检测与控制以及针对多个组织之间的 XBRL 数据共享、转化与集成等互操作处理。

由于各国/组织在制定分类标准时遵循的行业标准、技术规范以及概念的命名规则等的差异，导致不同组织之间的 XBRL 分类标准的歧义性。多个组织之间的 XBRL 财务信息集成处理的关键是实现对 XBRL 分类标准中定义的概念间歧义的识别（即一致性检测）与消解。Debreceny 和 Felden（2009）认为 XBRL 能帮助解决更广范围的数据互操作性问题[36]。随着 XBRL 在全球范围内的进一步推广应用，其数据共享与集成问题尤为突出，产业界以及国内外学者也针对 XBRL 的互操作性、一致性等问题展开研究。

公共仓库元模型（Comman Warehouse Meta-model，CWM）是业界公认的元数据互操作通用标准，主要致力于数据仓库和业务分析领域中元数据的定义和交换的标准机制，其目的是促进在异构环境下，不同厂商的不同软件工具、平台之间的元数据交换。然而，CWM 的自然语言和图形化特点使之难以实现元数据的形式化语义推理。

Zhao 等（2006）分析了 CWM 元数据的特点，提出了一种支持概念上同一性约束的描述逻辑[37]，用于支持 CWM 元数据的形式化语义推理，并对 CWM 元数据的水平一致性和演化一致性进行描述逻辑的形式化语义表示，但未考虑知识演化的时态特征及其形式化表示以及分布式处理等问题。

为保证分类标准的规范化、标准化，以支持规范的一致性检测，XBRL 国际组织一直致力于 XBRL 分类标准的认证问题，并成立了分类标准认证小组（Taxonomy Recognition Task Force，TRTF），该小组的职责是认证各个地区组织或者企业级会员提交的分类标准是否符合规范，并将其划分成"认可级"（acknowledged）和"批准级"（approved）两个级别[20]。其中，"认可级"分类标准要求制定的分类标准符合 XBRL 技术规范即可，"批准级"分类标准是在"认可级"的基础上再符合相应分类标准的指引。这一认证级别的划分，为 XBRL 分类标准的规范化工作提供了有力的支持，然而并未讨论不同级别的分类标准之间的信息集成问题。

国际会计准则委员会基金会为了满足不同国家会计准则分类标准之间的互操作性需求，研究了国际财务报告标准 XBRL 分类标准（IFRS XBRL Taxonomy）、美国公认会计原则 XBRL 分类标准（US GAAP XBRL Taxonomy）和日本投资者网络电子信息披露 XBRL 分类标准（Electronic Disclosure for Investors' Network XBRL Taxonomy）三个框架在分类标准的基本信息、技术一致性、业务一致性和分类标准的扩展规则及实例文档指引等方面的异同点，描述了在开发 XBRL 分类标准时应该采取的最佳方法。该研究成果对评估不同分类标准间的互操作性具有重要的参照意义。

Melnik（2004）分析了不同本体之间的信息互操作需求，认为多个本体之间信息互操作的核心是解决元数据的描述问题，提出了一个高层次的模型管理框架。该框架通过对 Schemas 等文件进行提取，建立映射算法实现不同模型之间的交互[38]，但模型在语义表达方面较差，不能支持 XBRL 财务报告在语义一致性的应用。

Debreceny（2005）认为应从技术性、可用性、完整性、可及性、一致性五个方面衡量分类标准能满足利益相关用户需求的程度，从分类标准的连续改进及检验来验证分类标准信息的充分性[39]。这些思想为分类标准的一致性提出了科学的要求，但未涉及多个组织之间的 XBRL 信息的一致性处理。

胡仁昱和朱建国（2008）认为对各种财会信息资源进行挖掘的关键技术是建立财会信息资源的数据仓库，而数据仓库的基础是元数据规范，他们在研究财会信息资源异构特征的基础上，分析了常用的元数据标准，提出以 ISO/IEC 11179 标准和 Dublin Core 框架的元数据元素描述方法为标准的元素定义，来保证财会信息资源的元数据与其他元数据描述的一致性[40]。该研究以大量、非标准的财务信息资源的交互操作为背景，为解决多个组织之间的 XBRL 分类标准的元数据描述提供了思路。

李吉梅和杜美杰（2011）分析了 XBRL 异构分类标准的特征，认为异构的 XBRL 分类标准及其扩展，阻碍了财务信息的共享与互操作，提出了概念结构异构冲突包括命名冲突和函义冲突[41]并给出了相应的消解算法。该方法都是基于本地 XBRL 提出的，没有深入到多个组织之间的 XBRL 异构处理问题。

O'Riain 等（2012）通过关联数据的方法将 XBRL 与开放数据（open data）

进行关联与整合，同时采用统一的 RDF 格式来描述信息的语义[42]，以此实现基于 RDF 格式的 XBRL 与其他类型数据的互操作。该研究为 XBRL 与其他类型数据的集成提供了互联的思路，然而 RDF 在数据存储和查询方面的性能较差，特别是在涉及多个组织的 XBRL 环境中的应用局限性较大。

吴忠生等（2013）针对 XBRL 财务报告转换效率不足的问题，提出基于财务报告领域本体的数据转换模型[14]，该模型以构建统一的财务报告领域本体为基础，并从 XBRL 财务报告语义的层面建立领域本体与 XBRL 分类标准之间的映射规则，以解决多个 XBRL 财务报告的数据转换问题，然而研究处于模型层面，关键技术仍待补充。

上述研究从不同的角度研究了异构数据的共享与集成问题，在一定程度上为数据一致性处理提供了参考。XBRL 的多义性特点，关键是解决标记元数据的一致性，学者提到了通过通用模型、标准认证等方式来保证分类标准的规范性，但针对多个组织之间的 XBRL 多义性本质以及标记元数据的一致性问题还未有深入的研究。

综合以上四个方面，目前在 XBRL 语义的智能化推理方面的主要是以本体及其相关技术来支撑，本体在处理语义一致性与信息共享、集成方面已得到学术界广泛认可，然而对于 XBRL 语义智能化推理的逻辑基础甚少有研究，仅有 Declerck 以描述逻辑对 XBRL 模式文件进行形式化，研究其语义。而 Zhao 则提出了基于 CWM 的元数据的描述逻辑形式化表达与推理框架，这些都为 XBRL 推理提供了逻辑方面的启示，但是对解决涉及多个本体的知识推理问题还需进一步研究。因此，综合上述的研究现状，鉴于 XBRL 在商业数据的实时自动获取、分析、智能化领用方面的优势，对其进行更加深入的研究有重大意义。本书将探讨 XBRL 财务元数据语义表达的逻辑基础，结合 XBRL 财务元数据的时态以及分布式多义性的特点，研究合适的逻辑方法来表达 XBRL 财务数据的概念语义及关系语义，以支持 XBRL 财务数据的一致性检测以及冲突的自动、半自动化消解。

（五）描述逻辑的时态与分布式扩展

描述逻辑是基于对象的知识表示方法，是一阶谓词逻辑的一个可判定的子集，因其具有强大的表达力受到了知识工程领域的普遍关注，国内外学者对其进行了不同领域的扩展。本书研究 XBRL 财务数据具有明显的时态和分布式特征，因此下面将主要针对描述逻辑在时态和分布式知识表示领域中的研究展开述评。

1. 描述逻辑的时态扩展

对时态知识的形式化表示问题，国内外学者提出了各种扩展的思路和算法验证。

Schmiedel（1990）首先提出将描述逻辑与基于间隔的时态逻辑相结合，采用增加时态算子 at、sometime 和 alltime 的方法来表示时态知识[43]，但这种简单结合导致推理的不可判定。

Schild（1993）提出了时态描述逻辑 ALCT，将描述逻辑 ALC 与基于时刻的模态时态连接词组合在一起实现时态知识的表达[44]。

Artale 等（1998）提出了时态描述逻辑 TL-ALCF，该时态描述逻辑扩展将状态、动作和规划等变量用时间约束的方法来统一表示，通过增加时间约束来降低相应的时态表达能力[45]，从而使其推理问题具有可判定性。

Lutz（2004）进一步定义了基于时间间隔知识表示的时态描述逻辑，并提供了相应的一般术语集 TBox，通过间隔时间的扩展，扩充了描述逻辑的时态知识表达能力，并且证明其推理是可判定的[46]，但该描述逻辑扩展基于时间间隔的表示，存在无法表达时态变化关系的缺陷。

此外，学者们通过对具体领域的时间特性的扩展来实现时态知识表示与推理。如 Lutz 等（2007）针对基于间隔、Allen 针对时间区间关系的具体时态领域，给出了在一般概念包含公理下的描述逻辑推理 Tableau 算法[47]；Baader 等（2008）将描述逻辑 ALC 与线性时态逻辑 LTL 结合，提出了线性时态描述逻辑 ALC-LTL[48]，该逻辑只将时态算子应用于关系（公式）中，并证明了公式的可满足性问题为 EXPTIME——完全。

以上学者对描述逻辑进行了时态扩展的研究与探讨，这些思想为时态知识的形式表示提供了有意义的参考价值，但对于 XBRL 的时态特征分析及其形式化表示问题，目前还未有学者进行研究。

2. 描述逻辑的分布式扩展

描述逻辑的分布式扩展是指在分布式使用环境中，知识具有异构分布式的特点，通过对描述逻辑的分布式扩展来解决分布式知识的形式化表达与推理问题。国内外学者提出了以下研究思路对描述逻辑进行分布式扩展。

针对分布式环境下的知识表示需求，Borgida 等[49,50]（2002，2003）提出了一种分布式描述逻辑 DDL，为分布式、异构的信息集成提供了理论基础，并提出了将 DDL 推理算法转化为传统的 Tableau 算法的方法来实现分布式 DDL 推理。

Serafini 等[51,52]（2004，2005）在 Borgida 提出的 DDL 基础上，构建了分布式描述逻辑 DDL 的推理算法，提出了对分布式系统直接进行推理的方法。

国内学者蒋运承等（2006）根据语义 Web 的异构信息特征，构建了分布式动态描述逻辑 D3L[53]，该描述逻辑扩展主要是针对语义 Web 的事件与动作等动态知识的表示。

对于描述逻辑的分布式扩展，学者们都提出来在传统单个描述逻辑的基础上研究多个分布式同构以及异构系统之间的推理问题，然而还没见到有对 XBRL 的分布式异构特点进行详细分析以及其分布式描述逻辑扩展的研究。

四、研究内容与方法

XBRL 体系架构由 XBRL 技术规范（Specification）、分类标准（Taxonomy）和实例文档（Instance Document）三个部分组成。其中，XBRL 技术规范由 XBRL 国际组织 XBRL International 制定，通过定义特定的语法，将业务事实以带有特定背景含义并经过明确定义的概念的值来进行表达，这种语法使得软件能够有效可靠地找到、析取和解析这些事实。XBRL 技术规范是 XBRL 体系框架的基础，主要用于描述 XBRL 文件的结构，详细规定了 XBRL 分类标准和实例文档的语法和语义，是制定和发布 XBRL 商业报告的纲领性文件。XBRL 分类标准是在技术规范的基础上，结合各地的会计准则、行业标准，由各国行业权威机构制定的，用于为企业 XBRL 报告中的每个项目建立标签，定义商业报告中各项目的属性及其相互关系，相当于该地区特定行业的信息"词典"。XBRL 实例文档则是各个企业根据 XBRL 技术规范和分类标准等规则创建的电子业务报告，是企业披露的商业事实的集合。XBRL 体系框架结构具体如图 1-1 所示。

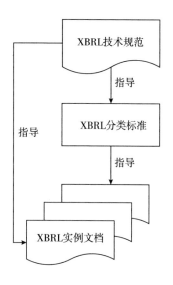

图 1-1 XBRL 体系框架

从 XBRL 的上述体系框架可以看出，通过分类标准对企业报告元素的标签定义，可以使计算机"读懂"财务报告中的每个元素，是 XBRL 财务报告生成和报送的核心和基础，而对于分类标准中各元素的语义形式化表达，可以实现商业报告内容的自动识别与智能分析、推理。然而，目前 XBRL 相关工作主要集中于技术规范、分类标准的完善以及 XBRL 商业报告的发布应用方面，而很少有对报告中数据的智能化处理、分析方面的研究，其主要原因是 XBRL 财务数据的语义是通过标记技术来实现的，其可读性基本上停留在自然语言的层面，缺乏形式化的语义表示方法。

此外，XBRL 的可扩展特点，使各国和地区、各行业可以根据自身的情况在 XBRL 的基本元素的基础上进行扩展，建立合适的分类标准，对于同一分类标准也可能随着时间而发生版本的变化，从而提出了管理多个组织之间、异构的

XBRL 财务元数据的需求。目前，各国对 XBRL 的研究与推广应用都集中在本地领域，解决多个组织之间的 XBRL 报告的可比性与互操作性问题，可以从真正意义上解决 XBRL 企业商业报告的全球共享、分析，促进其进一步的推广应用。因此，本书从 XBRL 财务元数据一致性控制的角度出发，分析 XBRL 的时态与分布式特征，运用描述逻辑、本体建模、逻辑推理等方法和工具，研究 XBRL 财务报告分类标准和实例文档元数据的形式化表示方法，探索 XBRL 分类标准的时态版本迁移的结构化管理机制以及多个组织之间的 XBRL 财务报告的数据映射规则，分析 XBRL 财务元数据逻辑推理的不一致检测需求，探讨同一组织和多个组织之间的 XBRL 元数据不一致性的冲突消解方法，并开发相应的原型系统加以验证。研究的主要内容包括：

（1）XBRL 财务元数据语义形式化表达的逻辑理论基础。

以我国财政部公布的 XBRL 通用分类标准为基础，研究同一组织的 XBRL 财务元数据语义的精确表达与推理方法。具体将选择表达能力强的描述逻辑作为 XBRL 财务元数据语义的形式化表达工具，将特别关注 XBRL 分类标准的时态特征，探索描述逻辑在时态领域的扩展，试图突出基于时态描述逻辑的元数据形式化描述方法，构造相应的 Tableau 推理算法，并证明其推理的可靠性和可判定性。本阶段将为 XBRL 财务元数据的精确语义形式化提供理论基础，同时为 XBRL 财务元数据的一致性推理提供算法支持。

（2）优化 XBRL 财务元数据的关系表达，构建高效的 XBRL 财务元数据的推理算法。

对描述逻辑的扩充将导致推理复杂度的升高，从而在很大程度上限制了其实际应用的效果。本书将对特定的情景进行优化，具体将选择三大财务报表为例，对其主要关系表达的五大链接库进行分析，研究区分关系表达的必要性和可替代性，并寻求基于时态描述逻辑的形式化规则优化方法，以达到构建非极端情况下的高效率逻辑推理、降低推理复杂度的效果。

（3）XBRL 财务报告的结构化版本管理方法。

对描述逻辑的时态扩充提供了必要的 XBRL 财务元数据本体语言和逻辑基础。在精确表达 XBRL 财务元数据语义的基础上，研究同一组织的 XBRL 财务报告版本变化的语法和语义描述，建立基于描述逻辑的 XBRL 版本管理形式化表达框架，提出基于逻辑的版本管理报告的自动生成流程，并研究通过现有的元数据存储库实现 XBRL 财务报告元数据的版本信息存储、更新、查询等管理功能。

（4）探索多个组织之间的 XBRL 的互操作映射规则。

分析 XBRL 的分布式语义表达与一致性检测需求，在此基础上构建多个组织之间的 XBRL 交互模型，探索多个组织之间的 XBRL 财务元数据之间的交互与映射的包含桥规则，并研究对时态描述逻辑进行分布式扩展，探索适合多个组织之间的 XBRL 分类标准交互需要的逻辑基础，构造多个组织之间的 XBRL 财务元数据一致性推理的 Tableau 算法，并从理论上证明算法的有效性。

（5）XBRL 财务元数据的一致性检测。

元数据的一致性问题是提高数据质量的基础，而元数据的一致性问题可分为结构一致性、水平一致性和演化一致性[54]，分别对应于抽象层元数据的一致性、同一版本元数据的一致性和不同版本元数据的一致性问题。本部分重点解决同一组织的 XBRL 分类标准的时态元数据的水平一致性检测以及多个组织之间的 XBRL 分类标准元数据的一致性问题，建立相应的一致性检测规则，并利用元数据存储库、本体建模工具以及本体推理机，实现 XBRL 分类标准元数据的存储、管理以及本体推理的一致性检验，最后指出 XBRL 财务元数据不一致的冲突消解方向。

本书的研究思路是：首先，从相关的研究文献综述中，明确国内外的研究现状以及描述逻辑的作用与特点，确定本文的选题意义。其次，对选题所涉及的理论和方法体系进行分析，寻求选题的理论基础。再次，对 XBRL 体系框架进行分析，明确 XBRL 财务元数据的时态与分布式特征的表达与一致性检测需求；在此基础上，引入描述逻辑为基本工具并进行扩展，对 XBRL 财务元数据的语义进行形式化表示；同时对 XBRL 分类标准中基本元素的关系表达进行分析，区分五大链接库中的必要和可替代关系，并寻求基于描述逻辑表达的链接库选择，实现高效推理的规则表达方法；针对 XBRL 的版本管理需求与语义表达，构建基于描述逻辑的 XBRL 版本报告元数据表达与管理的框架。最后，针对分布式环境下的 XBRL 元数据交互特征，建立多个组织之间的 XBRL 交互模型，寻求分布式逻辑扩展以及相应的推理算法。在上述理论框架下，对同一组织和多个组织之间的 XBRL 分类标准元数据进行一致性检测的实证研究，开发基于逻辑的冲突检测系统原型，以检验方法的正确性。本书的研究技术路线如图 1-2 所示。

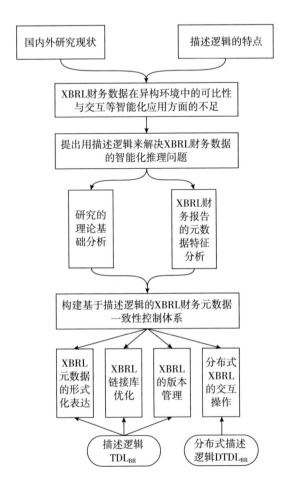

图 1-2　本书的研究技术路线

本书的内容框架如下：

第一章，绪论。本章介绍了本书的研究背景和选题意义、阐述了当前国内外的相关研究现状，在此基础上明确了本文的研究对象和研究内容，以及文章的主要框架结构。

第二章，理论基础。本章阐述了会计信息论、本体方法、语义 Web、描述逻辑等与选题相关的理论基础，并说明与选题的指导关系。

第三章，XBRL 财务元数据的一致性控制框架。本章阐述了 XBRL 财务元数据的一致性控制需求，结合语义 Web 的基本理论，提出 XBRL 财务元数据一致性控制的框架以及关键技术。

第四章，时态描述逻辑 TDL_{BR} 及其推理算法。本章将根据 XBRL 的时态特征，对传统描述逻辑进行时态扩展，提出适合 XBRL 时态表达的描述逻辑 TDL_{BR} 及其推理算法，并从理论上证明算法的可终止性、完备性和可靠性。

第五章，基于 TDL_{BR} 的 XBRL 元数据形式化与链接库优化。本章将通过时态描述逻辑 TDL_{BR} 对 XBRL 分类标准元数据进行形式化表示，在此基础上分析 XBRL 分类标准中五大扩展链接对财务元素关系表达的必要性和替代性，提出基于 TDL_{BR} 的 XBRL 财务元数据形式化优化的方法，并选取财政部发布的 CAS 通用分类标准的三大财务报表作为实证分析，以验证方法的有效性。

第六章，XBRL 财务报告的版本管理。本章将分析 XBRL 财务报告的版本管理要求，研究 XBRL 版本管理报告的结构以及其 XML 语法和语义表达，得到 XBRL 版本报告的结构化表示规律，根据 XBRL 分类标准时态迁移特征，提出基于时态描述逻辑 TDL_{BR} 的 XBRL 版本迁移管理框架。

第七章，XBRL 财务报告的共享与集成。本章将进一步分析 XBRL 的分布式异构特点，提出多个组织之间的 XBRL 的交互模型，探讨其多个组织之间的 XBRL 之间的映射，并以描述逻辑来表达，以实现多个组织之间的 XBRL 系统的数据互操作。

第八章，XBRL 财务元数据的一致性检测实证分析。本章首先将对同一组织和多个组织之间的 XBRL 财务元数据的一致性检测需求进行实证检验，具体将开发应用程序模块实现 XBRL 元数据的自动提取与存储，并通过设计元数据库到本体的转换模块，生成 XBRL 分类标准本体。其次利用 Protégé 内置的 Pellet 推理机进行自动的一致性检验，对多个组织之间的 XBRL 分类标准本体的检验则通过设计推理规则，利用 Jena 推理机实现多个组织之间的 XBRL 分类标准元素概念的一致性检验。

最后为结论。本章主要对全书的研究结论、研究局限进行总结，并提出未来的研究展望。

五、主要创新点

本书立足于形式化知识表达与推理和 XBRL 网络财务报告研究的前沿，力求通过会计学、语义 Web、本体技术、信息系统等综合学科理论与方法来解决 XBRL 网络财务信息质量控制中亟待解决的关键科学问题，主要具有以下创新之处：

（1）构建适合时态 XBRL 语义表达的描述逻辑 TDL_{BR}。

在分析同一组织的 XBRL 财务元数据的时态特征的基础上，对传统描述逻辑进行时态扩展，构建适合时态 XBRL 形式化表达的时态描述逻辑 TDL_{BR}，并给出相应的推理规则、推理任务与推理定理，构造其 Tableau 算法并证明算法的可终止性、可靠性、完备性以及推理的可判定性，从理论上证明时态描述逻辑 TDL_{BR} 的有用性和有效性。在此基础上对本地的 XBRL 元数据进行形式化表示，通过本体工具建立基于 TDL_{BR} 的本体，用实例证明形式化逻辑的正确性、有效性。

（2）XBRL 语义形式化表达的优化，构建非极端情况下的高效推理规则库。

分析 XBRL 分类标准中的链接库文件对 XBRL 财务元数据之间的关系描述，发现五大链接对财务元素的语义表达有明显的重复性。根据财务数据的报送要求，确定五大链接库中的必要关系以及可转化的关系描述，并从描述逻辑 TDL_{BR} 的形式化表达需求的角度，对 XBRL 财务元数据的语义表达规则进行优化。通过本体一致性检验的实践证明，该优化方法是有效的，并且可以大大减少 XBRL 财务元数据的推理规则数，提高推理效率。

（3）基于时态描述逻辑 TDL_{BR} 的 XBRL 版本管理。

分析 XBRL 财务报告版本变化的特征，具有明显的时态管理特点。根据 XBRL 版本管理规范中对变化前后两个可发现分类集（From-DTS、To-DTS）、与版本变化相关的事件、行为和任务的关系描述，在详细分析 XBRL 版本管理报告的语义和语法解释的基础上，提出了基于时态描述逻辑 TDL_{BR} 的 XBRL 版本管理框架。该框架通过时态描述逻辑 TDL_{BR} 对 XBRL 版本报告时态操作的形式化表示，可以支持 XBRL 版本报告的时态推理演算，并进一步给出基于描述逻辑的 XBRL 版本报告的自动生成的处理流程。最后，结合现有的元数据存储库，实现 XBRL 版本变化数据的存储和查询。

（4）构建多个组织之间的 XBRL 集成模型。

针对多个组织之间 XBRL 概念定义的多义性特点，构建多个组织之间的 XBRL 集成模型，为实现多个组织之间 XBRL 财务信息的可比性提供理论支持。该模型选取 XBRL 国际通用标准为参照本体，通过引入包含桥规则，实现多个 XBRL 分类标准与实例文档元数据与 XBRL 国际通用标准之间的映射，进而达到不同 XBRL 财务信息之间的交互操作。研究描述逻辑的分布式扩展，提出适合多个组织之间的 XBRL 财务元数据语义形式化的分布式时态描述逻辑 $DTDL_{BR}$，指出相应的推理任务以及分布式 Tableau 推理算法，并证明该推理算法的可终止性、可靠性和完备性。

第二章　理论基础

XBRL 作为会计信息处理的最新技术，其提出以及推广应用都需要有坚实的理论基础支持，本书研究的目标是 XBRL 财务元数据质量控制，需要诸如会计信息系统、语义 Web、本体方法、描述逻辑等相关理论的支撑。本章将从上述理论基础出发，研究影响 XBRL 会计信息系统的主要内容，探寻支持构建 XBRL 财务元数据一致性控制的理论基础。

一、会计信息系统论

（一）会计信息系统概述

会计信息系统论认为会计本质上是一个以提供财务信息为主的经济信息系统。会计信息系统是基于计算机的、将会计数据转换为信息的系统，利用信息技术对会计信息进行采集、存储和处理，完成会计核算任务，并能提供为进行会计管理、分析、决策用的辅助信息。作为财务报告领域的最新技术，XBRL 可以看作是会计信息系统的一种表现形式，因此，会计信息系统的相关理论对其建立，特别是分类标准与实例文档的披露内容具有不可或缺的指导意义。

会计作为人造信息系统，其基本目标就是满足信息使用者不断变化和增加的需求，随着经济环境的变化，使用者对会计信息的需求不断变化，传统的会计系统需要与互联网等技术融合，因此出现了各种各样的会计信息系统，而传统的会计理论主要分为价值法会计以及事项法会计[55]，相应地形成了基于价值法的会计信息系统以及基于事项法的会计信息系统两大形态。

（二）基于价值法的会计信息系统

价值法会计认为，会计信息的用户需求是已知的并能够被充分而特别地被说明[55]。该理论的假设使通过某一标准对财务报表汇总数据只能满足某些信息客户群体的需求，而并未以使用者为中心，从会计信息使用者需求的角度考虑，因此形成了传统企业经济业务的记录与报告和会计信息使用者需求之间的矛盾，因而受到了会计界一些学者的质疑，主要有以下缺陷：

（1）传统的价值法会计假定会计信息使用需求是确定的[56]，认为会计信息需求者对会计报表的需求相同，因此会计报表的格式、汇总的类别都是相同的，这种假定导致传统的价值法会计信息系统的数据不能为所有决策者的决策模型提供最优的输入价值，而只能满足部分会计信息使用者的需求。

（2）传统的价值法会计信息系统中一些不符模型输入要求的经济事项未能输入到系统，因而无法全面反映企业的经营状态。

（3）传统的价值法会计信息系统主要以货币计量的方式把会计事项记录下来，而非货币计量的事项很少反映，不能全面提供决策者所需要的信息。

（4）传统的价值法会计信息系统对会计事项的披露往往是定期[57]的或者是在事项发生后发生的，信息的实时性较差。

传统的价值法会计信息系统的上述缺陷，大大影响了会计信息的全面性、准确性和及时性，制约着会计信息系统的发展。

（三）基于事项法的会计信息系统

事项法会计是指按照企业具体的经济事项来报告企业的经济活动，重新构建财务会计的确认、计量和报告的理论与方法。事项法会计由美国的 Sorter 教授在

1966 年提出，该理论认为，财务会计人员的任务只是提供有关事项的信息，而让使用者自己选择使用的事项信息，其目标在于提供与各种可能的决策模型相关的经济事项信息，与决策相关的事件的信息应尽量以其原始的形式保存。以事项为最小的会计分类单元，对各项交易的事项进行存储、组织、处理、传递和输出，事项信息具有全面性、完整性及冗余量少的特点，基于事项法的会计信息系统可为会计信息使用者提供"原汁原味"的事项信息[54]，为会计信息使用者提供个性化、多元化决策行为作支持。

基于统一标记语言格式的 XBRL 会计信息披露模式能保证会计信息的可比性，以实现全球商业报告的互操作性为目标，满足了会计信息使用者对财务信息和非财务信息的需求。事项法会计信息系统提供原始的经济业务事项信息，符合应用 XBRL 建立数据库的需求。

二、语义 Web

（一）语义 Web 概述

语义 Web 由万维网之父 Tim Berners-Lee 在 20 世纪 90 年代初提出，其设想是：万维网 Web 不仅是人与人交互的信息空间，而且是语义丰富的数据网络，既能够被人浏览，也能够利用计算机程序执行操作。具体而言，语义 Web 的核心是：通过给万维网上的文档添加能够被计算机所理解的语义元数据，从而使整个互联网成为一个通用的信息交换媒介。

语义 Web 的目标是为了解决在不同应用、企业和社区之间的互操作性问题[8]。这种互操作性是通过语义来保证的，这种语义仅限于语义的形式概念，即含义的形式记号，而且能被机器推理规则所接受。

根据 Tim Berners-Lee 对语义 Web 的设想以及其定义，语义 Web 具有如下特征[8]：

（1）语义 Web 与现有的 Web 不同，但不是另外一个 Web，是现有 Web 的延伸。

（2）语义 Web 是数据的 Web，而现有的 Web 是面向文档的。

（3）语义 Web 中的信息被赋予良定义的含义，将更利于计算机"理解与处理"，并将具有一定的判断、推理能力。

（二）语义 Web 的层次模型

语义 Web 的基础是数据表示、查询、应用规则的一组标准，该标准的层次结构如图 2-1 所示。

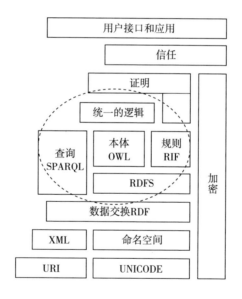

图 2-1 语义 Web 的层次模型

（1）语义 Web 的基础：UNICODE 和 URI 层。语义 Web 采用 UNICODE 编码，实现 Web 上信息的统一编码；而利用统一资源定位符 URI（Uniform Resource Identifier）进行对象和资源的标识。这是实现全球互联网资源标识的基础。

（2）XML 和命名空间层：通过 XML 标记语言将 Web 上的资源结构、内容和数据的表现形式进行分离，实现与其他基于 XML 的标准进行无缝集成。

（3）RDF 和 RDFS 层：RDF（Resource Description Framework，资源描述框架）用于资源的描述与标示，RDF 数据模型不依赖于 XML，但遵守 XML 的语法。

（4）本体层：采用 OWL 形式来描述本体中资源之间的关系，使 Web 信息具有计算机可理解的语义。

（5）逻辑层：提供公理和推理规则，为智能推理提供基础。根据本体层资源的关系，依照规则交换格式 RIF 转换成相应的规则。

（6）证明层：提供认证机制，执行逻辑层的规则，并进行认证，并结合信任层的应用机制来评判是否能够信任给定的证明。

（7）信任层：提供信任机制，保证用户 Agent 之间交互的安全可靠性。

（三）语义 Web 与知识表示和智能推理

知识表示是指把知识客体中的知识因子与知识关联起来，便于人们识别和理解知识[8]。知识表示是知识组织的前提和基础，任何知识组织方法都是要建立在知识表示的基础上。语义 Web 关注的核心问题是 Web 上各种数据的互操作性问题[8]，通过统一数据编码、规范逻辑规则等方法和相应技术，对 Web 中的信息赋予明确的含义，使机器能够自动处理和集成 Web 上的信息。

在领域知识表示的基础上，语义 Web 中资源之间的关系可以通过一定的逻辑基础，形式化表示对象之间关系的规则。通过规则库的建立使对象之间的信息具有一定的智能化推理功能，能查询处隐式数据，在一定程度上实现机器对语义 Web 中数据的自动处理分析。

XBRL 财务报告不再以报告整体的形式建立，报告中的各个元素都被赋予了明确的语义，并通过链接技术隐式表示元素之间的关系。因此，借助语义 Web 的相关理论和关键技术，可以实现 XBRL 财务报告的数据表示与推理表达问题，这些也是保证 XBRL 财务元数据一致性，提高 XBRL 财务报告数据质量智能化控制的基础。

三、本体方法

本体的概念最早出现在哲学领域。近年来，本体作为一种能够在语义层和知识层上描述信息系统的概念建模工具，在知识工程、数字图书馆、信息检索、信息集成等领域得到了广泛应用。XBRL 体系中 XBRL 分类标准具有明显的本体特点，本体的相关理论和方法可以作为 XBRL 知识工程的理论基础。

（一）本体的定义

从知识共享的角度，本体可以看作是感兴趣领域的概念化的明确说明，是对客观存在的概念和关系的描述[8]。

对于本体，哲学、计算机和人工智能领域的定义有所不同。

1. 哲学领域

本体的概念起源于哲学领域，定义为"对世界上客观存在物的系统的描述，即存在论"，是客观存在的一个系统的解释或说明，关心的是客观现实的抽象本质。

2. 人工智能领域

人工智能领域将本体定义为"给出构成相关领域词汇的基本术语和关系，以及利用这些术语和关系构成的规定这些词汇外延的规则的定义"。

3. 知识工程领域

在信息系统、知识系统等领域，越来越多学者从事本体研究，并给出了许多不同的定义，引用较为广泛的是美国斯坦福大学知识系统实验室的 Gruber 于 1993 年提出的本体定义[58]："本体是概念化的明确的规范说明"，Studer 进行了修改，认为"本体是共享概念模型的明确的形式化规范说明"。从该领域对本体的定义可以看出，本体是通过对客观世界抽象出来的概念化模型；本体的概念及其约束具有明确规范的定义；本体是可以形式化，以便实现计算机的可处理性；本体是可共享的，反映的是相关领域中公认的概念集合。

（二）本体的功能

每个信息系统必须将所使用的符号含义归结到现实世界中的某个特定领域，并针对该领域涉及对象的信息进行收集、整理、储存、分析、传递和集成利用。领域本体描述了该领域的概念模型，是信息系统所用术语及术语之间关系的显式表达，一个明确规范说明的领域本体可以有效地驱动信息系统的所有组件，在信息系统的生命周期中扮演着重要的中心角色。

1. 支持系统中的信息交流

本体清楚描述了领域知识的结构，为知识的表示打下良好的基础。本体可以提供一组领域公认的概念和术语，通过构建统一的框架或规范模型来减少概念和术语上的差异，实现系统中信息的交流。

2. 支持不同系统之间的互操作

不同系统之间的互操作性，主要通过对不同系统中的概念和关联的映射来实现，本体中概念的关联可以支持这种互操作性，主要体现为两种情况：一种是基于语法的映射：要求使用相同的词汇，但不能保证对于同一词汇的理解或解释是相通的，实现语法层面的互操作；另一种是基于语义的映射：对概念的构建和概念间的约束有相应的语义解释，实现语义层面上的知识共享和互操作。

3. 提高信息化的实施效率

利用本体对系统的规范化描述，可以提高系统需求分析和信息表达的效率，本体的概念化的表达可以在一定程度上实现对信息的自动或者半自动的一致性检验，提高了系统的可靠性。此外，本体是领域内共享的概念、属性及其相互关系形式化描述，这种形式化描述可成为软件系统中可重用和共享的组件。

（三）本体的管理

信息在不同的领域本体中其表现形式有所区别，而在同一领域中，信息也会随着时间、应用环境的变化而变化，因此本体也是不断演化的[59]。要实现不同本体之间的交互，有效表达和管理本体的变化，维护不同版本的本体之间的关联显得十分重要。

本体的管理主要包括本体演化和本体的版本管理两部分内容。

所谓的领域本体演化，是在现有灵与本体的基础上，依据一定的理论、方法和标准，根据应用的需要，对本体概念结构、概念及关系不断进行丰富、完善、改进、更新和评估的过程和方法[59]。因此，本体的概念是不断丰富、变化的，既有新概念（关系）的增加，也包括已有概念的删除、更新。领域本体演化研究主要包括本体演化的基础（依据）、本体演化的机制和本体演化的评估三个层面，分别解决本体为什么要演化、怎么演化以及演化后的评估问题。

本体的版本管理指一些用来存储和标识同一个本体的不同版本，以及建立这些不同版本之间的差异和关联的方法[60]。因此，本体的版本管理主要是指对本体之间的不匹配进行界定与管理，本体之间的不匹配可以分为语言层次和模型层次[8]。语言层次包括语法、表示、语义和表达能力。模型层次包括建模风格、概念和术语体系。

就 XBRL 本体而言，由于遵循统一的 XBRL 技术规范，对于模型的范型、概念描述等都是统一的，而对于 XBRL 分类标准的语法则遵循 XML 格式，因此 XBRL 所涉及的本体版本管理主要在语言层次的语义层面，具体的本体匹配问题则可以通过保证语义的标记符号指称的准确性来实现。

领域本体的版本管理需要遵循以下原则：

（1）领域本体开发和实现本体的演化要具有规范性。领域本体是针对具体领域的应用，因此本体的版本演化必须是有用性，而且具有相应的演化基础，即理论和应用实践的依据，不能具有随意性。

（2）不同本体之间要具有互操作性。本体的概念更新是在原有概念的基础上演化的，因此版本管理要反映出这种演化的逻辑关系，实现不同版本之间的互操作性。

四、描述逻辑

Brachman 于 1977 年提出描述逻辑（Description Logic，DL）[8] 的思想，为语义 Web 本体的知识表示和推理提供基础。描述逻辑又称为术语逻辑、术语体系知识表示语言、概念语言、术语包含语言，适合于表达结构化和半结构化的数据，具有很强的表达力与可判定性。描述逻辑由概念、角色和个体组成，复杂概念和角色可以通过简单概念和角色进行描述。

由于具有很强的表达力和可判定性，描述逻辑已被 W3C 推荐为语义 Web 的逻辑基础，近年来被学术界广泛应用于知识表示领域，不断取得进展。XBRL 要保证财务元数据的一致性，首要解决的是元数据语义的精确表达，描述逻辑作为语义精确表达的重要方法，可以为 XBRL 财务元数据的语义形式化提供逻辑基础。

（一）描述逻辑系统的构成

图 2-2 描述了一个描述逻辑系统的结构，包括描述语言、术语集 Tbox、断言集 Abox 和推理机四个基本组成部分。

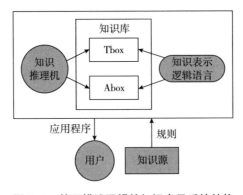

图 2-2　基于描述逻辑的知识表示系统结构

（1）知识表示逻辑语言，用于具体领域中概念和角色（关系）的知识表示的符号集合。

（2）术语集 TBox（Terminology Box），用于描述具体领域的结构，包含概念及其关系公理，是该领域的词汇集，包括概念（Concept）和角色（Role）的定义。

（3）断言集 ABox（Assertional Box），用于描述具体领域中个体的断言，包含概念断言和关系断言。

（4）知识推理机，用于对 TBox 和 ABox 上的概念、公理和断言进行知识推理。

采用描述逻辑进行领域知识表示的基本方法是：先从具体领域提取知识源，并定义该领域中的概念、概念间的关系，即术语体系，以及个体关系、属性等的断言集，选择合适的描述语言来进行形式化表示，并归并入到知识库中，以供推理机对知识进行推理、验证以及用户的应用。

（二）基本描述逻辑语言 AL 及其扩展

AL 语言是描述逻辑的最小语言，是一种属性语言，基本的描述是原子概念和原子角色[8]，本书中将用字母 A 表示原子概念，用 R 表示原子角色，C、D 表示一般概念。

1. AL 语言的语法

AL 语言中的基本概念是：原子概念 A、顶概念 ⊤（也称作全概念）和底概念 ⊥（也称作空概念），此外，AL 语言可以使用原子否定 ¬、交 ⊓、值约束 ∀R.C、受限存在约束 ∃R.⊤ 构造算子，具体语法如下：

C，D ::= A | ⊤ | ⊥ | ¬ A | C⊓D | ∀R.C | ∃R.⊤

其中，"::=" 表示 "定义为"。AL 语言中的否定构造算子只能用于原子概念，而只有顶概念和底概念允许受限存在约束。

2. AL 语言的语义

AL 语言的语义即对 AL 语言中使用符号的解释（表示为 I），该解释 I 由表示解释领域的非空集合 Δ^I 和解释函数 $\cdot^I$ 组成[8]，即 $I=(\Delta^I,\ \cdot^I)$，通过解释函数的映射，使概念为解释领域集的子集，对于每个原子概念 A，都有 $A^I\subseteq\Delta^I$，对每个原子角色 R，都有二元关系 $R^I\subseteq\Delta^I\times\Delta^I$，对于 AL 语言基本符号的语义解释说明如下：

$\top^I=\Delta^I$

$\bot^I=\varnothing$

$(\neg A)^I=\Delta^I\setminus A^I$

$(C\sqcap D)^I=C^I\cap D^I$

$(\forall R.C)^I=\{a\in\Delta^I\mid\forall b.<a,\ b>\in R^I\rightarrow b\in C^I\}$

$(\exists R.\top)^I=\{a\in\Delta^I\mid\exists b.<a,\ b>\in R^I\}$

如果在所有的解释下两个概念都相等，就认为这两个概念等价。即对于所有解释 I 下都有 $C^I=D^I$，则有 $C\equiv D$，"$\equiv$" 表示"等价于"。

AL 语言是描述逻辑家族中最小的语言，其他描述逻辑语言可以通过对 AL 的扩展来实现。

3. AL 语言的扩展

AL 语言的否定关系只针对原子概念，即不允许对角色的否定，而存在量词也只能是针对顶层概念，因此对于许多领域来说其表达力是不够的。对此可根据领域知识表达的需要，在基本描述逻辑的基础上增加构造算子，以增加逻辑表达能力。其中，ALC 语言是在 AL 基础上加入对任意概念的否定（$\neg C$）以及任意概念的存在量词算子，通过德摩根定理可以实现交关系，如 $C\sqcup D$ 与 $\neg(\neg C\sqcap\neg D)$ 是等价的，进一步可以扩展到其他的关系约束。AL 语言扩展的构造算子及其解释如表 2-1 所示。

表 2-1　AL 语言的扩展构造算子

构造算子	语法表示	语义解释与说明
一般概念的否定	$\neg C$	$(\neg C)^I=\Delta^I\setminus C^I$，支持一般概念的否定

续表

构造算子	语法表示	语义解释与说明
并	C⊔D（概念的并），R⊔S（关系的并）	$(C⊔D)^I=C^I∪D^I$，$(R⊔S)^I=R^I∪S^I$
完全存在约束	∃R.C	$(∃R.C)^I=\{a∈Δ^I\mid ∃b.<a, b>∈R^I∧b∈C^I\}$，对存在量词的范围扩展到任意概念
数量约束	≥nR（最小数量约束），≤nR（最大数量约束）	$(≥nR)^I=\{a∈Δ^I\mid \{b\mid <a, b>∈R^I\}\mid ≥n\}$，$(≤nR)^I=\{a∈Δ^I\mid \{b\mid <a, b>∈R^I\}\mid ≤n\}$，其中，|…| 表示集合中元素的个数或基数
角色传递	R⁺	$(R^+)^I=(R^I)^+$
角色的逆	R⁻	$(R^-)^I=\{<x, y>\mid <y, x>∈R\}$
角色层次	R⊑S	$(R⊑S)^I=R^I⊆S^I$
函数约束	F	$\{x\mid ∀y, z.<x, y>∈R∧<x, z>∈R→y=z\}$
定性数量约束	≥nR.C（最小数量约束），≤nR.C（最大数量约束）	$(≥nR.C)^I=\{x\mid\{y.<x, y>∈R\}\mid ≥n\}$，$(≤nR.C)^I=\{x\mid\{y.<x, y>∈R\}\mid ≤n\}$
枚举	o	$o^I⊆Δ^I$，将个体集合作为概念
数据类型	D	可采用基本数据类型和自定义数据类型

（三）描述逻辑系统的推理任务

基于描述逻辑的知识表示系统包括术语集 TBox 和断言集合 ABox，因此相应的推理也包括 TBox 和 ABox 推理两部分。

1. TBox 推理

TBox 术语是描述概念以及概念和角色之间关联的集合，包括等价公理和包含公理两种[8]。TBox 推理是利用已经定义的概念来定义新的概念，即判断一个新定义的概念是否有意义，或者是否自相矛盾，对于一个 TBox T，主要包括可满足性、包含、等价和不相交四种推理形式：

（1）可满足性。如果存在对 T 的一个模型 I，使 C^I 非空，则称 T 中的概念 C 是可满足的，称 I 是 C 的一个模型。

（2）包含。如果对 T 的每一个模型 I 都有 $C^I \subseteq D^I$，则称概念 C 被概念 D 所包含，记作 $C \sqsubseteq_T D$。

（3）等价。如果对 T 的每一个模型 I 都有 $C^I = D^I$，则称 T 中的两个概念 C 和 D 所包含是等价的，记作 $C \equiv_T D$。

（4）不相交。T 中的两个概念 C 和 D，如果对于 T 的所有模型 I，都有 $C^I \cap D^I = \phi$，则称概念 C 和 D 不相交。

描述逻辑系统提供基本的推理机制来检查概念之间的包含关系，而可满足性、等价性和不相交的推理可以转化成包含关系的描述：C 是不可满足的等价于 C 被底概念（空概念）$\perp$ 所包含，即 $C^I = \phi \Leftrightarrow C \sqsubseteq \perp$（其中，"$\Leftrightarrow$" 为 "等价于"）；C 和 D 是等价的等价于 C 被 D 所包含的，且 D 被 C 所包含，即 $C \equiv_T D \Leftrightarrow C \sqsubseteq_T D$，且 $D \sqsubseteq_T C$；C 和 D 是不相交的等价于 C 和 D 的交被 $\perp$ 所包含，即 $C^I \cap D^I = \phi \Leftrightarrow (C \sqcap D) \sqsubseteq \perp$。

交是描述逻辑语言最基本的构造算子之一，而几乎所有的系统都提供了不可满足的概念，此外，描述逻辑系统还提供了描述的取反，可以将概念的包含、等价和不相交关系化简为不可满足性问题：C 被 D 所包含等价于 $C \sqcap \neg D$ 是不可满足的；C 和 D 是等价的等价于 $C \sqcap \neg D$ 和 $D \sqcap \neg C$ 都是不可满足的；C 和 D 是不相交的等价于 $C \sqcap D$ 是不可满足的。因此，对于描述逻辑来说概念的可满足性是最基本的推理问题，其他问题都可以转化为概念的可满足性问题[61]。

2. ABox 推理

ABox 包括概念断言和角色断言。从逻辑的角度看断言应该是一致的，否则可以得到任何结论。可用模型论给出 ABox A 一致性的定义。如果存在一个解释 I，该解释 I 是 A 和 T 的一个模型，则 A 对于空的 TBox 是一致的。

ABox 推理包括可满足性、实例检查、实例检索和实现[8]。ABox 推理是基于实例检查的，即判断个体是否为类的实例。如果 A 中的每一个模型都满足断言 a，则断言 a 可以从 A 中推导出来，记作 $A \models a$。实例的检索问题则是检查概念描述的所有实例，使 $\{a \mid A \models C(a)\}$。实例的实现问题与检索问题对应，给定个体 a 和概念集合，可以从中找出最特殊的概念 C，使 $A \models C(a)$。

第三章　XBRL 财务元数据的
一致性控制框架

当前世界各国和地区的证券交易所纷纷要求上市公司提交 XBRL 格式的财务报告。对于 XBRL 财务报告的用户来说，这些财务信息来源于世界各地不同的组织。面对海量的、异构的、随时间迁移而发生变化的 XBRL 信息，如何保证数据的可比性、提高数据的互操作性是 XBRL 全球化推广应用亟待解决的问题。XBRL 元数据的明确语义加上领域本体理论将使得 Web 能提供更高质量的 XBRL 服务。作为万维网发展的产物，XBRL 财务报告系统含有大量具有明确语义的标记元数据，应用语义 Web 的数据表示、逻辑验证、知识推理等技术，构建基于语义的 XBRL 财务元数据一致性控制体系有利于提高 XBRL 财务数据的可比性，为多个组织之间的 XBRL 数据的互操作性提供理论与技术支撑，进而为 XBRL 的深层次智能化应用提供基础保障。

目前，针对 XBRL 的研究主要集中在各国的分类标准构建上，而分类标准可以根据不同国家、地区的行业需求进行编制，因此具有明显的异构性，在异构分类标准之间的互操作方面存在较大困难。对此，XBRL 国际组织发布的 XBRL 行动计划就专门提出了提高 XBRL 数据可比性和互操作性的要求[8]，不少国家也已经认识到异构分类标准可比性的重要性。国内外学者也展开了相关的研究，如 O'Riain 等（2011）提出了通过 Link Data 来实现财务信息的互联[62]，实现 XBRL 财务信息与非 XBRL 格式信息之间的交互，然而并未对 XBRL 异构分类标准的映射与一致性展开分析；吕志明（2012）则从 XBRL 体系框架的角度，研究了 XBRL 分类标准与实例文档的关系，并提出了分类标准和实例文档数据的一致性问题[63]，但研究也只局限于同一组织的 XBRL 元数据一致性问题，并未对多个组织之间的 XBRL 分类标准元数据的一致性及其互操作性的需求进行研究。本章将主要关注 XBRL 财务元数据的一致性问题，详细剖析 XBRL 的体系框架，并从 XBRL 的应用过程进行分析，探讨其元数据的一致性需求与控制框架。

一、**XBRL** 体系框架分析

由前述 XBRL 的体系架构由 XBRL 技术规范、分类标准和实例文档组成。其中，XBRL 技术规范是制定 XBRL 分类标准以及实例文档的指导性文件，介绍了分类标准和实例文档的文件结构、分类标准的扩展规范以及数据的完整性和验证机制等，并对 XBRL 会用到的 XLink 简单链接和扩展链接进行说明。XBRL 技术规范是 XBRL 技术体系中最基础的文档，包含着 XBRL 分类标准和实例文档元数据的语法和语义规则，因此，对技术规范的剖析非常必要。下面就最新的 XBRL 技术规范 2.1 推荐版中的分类标准及实例文档的结构进行详细的解析。

（一）**XBRL** 分类标准

XBRL 分类标准定义了 XBRL 报告中的元素概念，是 XBRL 报告的术语及其关系的汇总。XBRL 分类标准包括 XBRL 模式文件和 XBRL 链接库文件。具体文件结构如图 3-1 所示。

1. XBRL 模式文件

XBRL 模式文件是基于 XML 格式的，必须符合 XML Schema。XBRL 模式文件主要包括链接库入口模式文件（entry-point）和核心模式文件（core）。

（1）XBRL 入口模式文件是计算机访问 XBRL 分类标准的入口，用于对模式文件和引用的链接库文件的引入信息说明，通过<link：linkbaseRef>元素来定位，表示表达该领域共享和扩展概念所用到的链接类型及其具体的链接地址，此外，

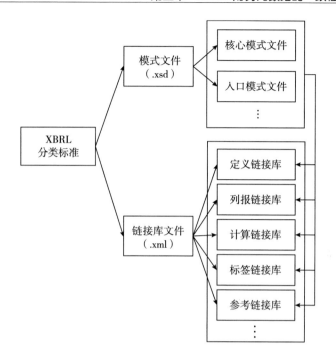

图 3-1 XBRL 分类标准文件结构

入口模式文件中还定义了与其他模式文件的引用关系，通过<xsd：import>元素来定义。具体的属性说明如表 3-1 所示。

表 3-1 XBRL 入口模式文件的元素与属性说明

元素	属性	说明
link：linkbaseRef	xlink：role	用于说明引入的扩展链接库的类型
	xlink：arcrole	用于说明<link：linkbaseRef>元素指向的链接
	xlink：href	用于说明所引入的链接库文件的 URL 地址
	xlink：type	用于描述<link：linkbaseRef>元素的类型
xsd：import	schemaLocation	定义被引入的模式文件的地址
	namespace	定义被引入的模式文件的命名空间

（2）核心模式文件则定义了企业报送的商业事实所需要的元素概念，通过<xsd：element>元素用于表达该领域的元素对象，如财务报告领域的资产、利润、

费用等。此外，核心模式文件还通过<import>元素展示了与其他可发现分类模式之间的引用关系，用于说明报送商业事实相关的元素需要用到的分类标准模式文件。其中基本元素<xsd：element>的属性说明如表 3-2 所示。

表 3-2　**XBRL 核心模式文件<xsd：element>元素与属性说明**

元素	属性	说明
xsd：element	Id	元素的标识，采用"分类标准命名空间_名称"的结构
	Name	元素的名称
	type	元素的取值类型，如货币型（monetaryItemType）、字符串型（stringItemType）
	xbrli：periodType	元素的时期类型，如存量项目（instant）、流量项目（duration）
	Nillable	元素取值是否允许为空
	Abstract	元素是否为抽象元素，抽象元素没有具体的取值，一般用于数据列报的需要
	substitutionGroup	定义项目的元素替代组

2. XBRL 链接库文件

XBRL 链接库文件用于表达模式文件中的元素概念的意义以及概念与概念之间的关系。每个模式文件都可以引入五个链接库文件来描述模式文件中定义的元素概念，分别是：定义链接库（definitionLink）、列报链接库（presentationLink）、计算链接库（calculationLink）、标签链接库（labelLink）和参考链接库（reference-Link）。

（1）定义链接库，用于定义商业事实的概念和概念之间的关系。支持四种标准的关系[3]，包括一般—特殊（general-special）关系，将普通和特殊的概念区别开来；原名—别名（essence-alias）关系，用于表示两个具有相似意义的概念；必须—元素（requires-element）关系，用于指定概念间的依赖关系，使具有这种必须关系的元素在创建其报送事实的实例文档时必须为某些元素赋值；相似—元组（similar-tuples）关系，用于定义相同但视图不同的元素。

（2）列报链接库，定义了概念元素之间的层级列报关系，用于支持财务报表元素的表格、报表以及其他形式表示的层级展示。

（3）计算链接库，定义了概念元素之间的线性计算关系，特别用于展示具有相同背景信息的相关财务元素之间的加减关系或求净值关系[3]。

（4）标签链接库，用于描述概念与概念名称标签之间的关系，可支持不同国家的语言标签，便于提高人们对概念的可读性。

（5）参考链接库，主要通过 href 属性定义了模式文件中概念元素的权威参考表述的相对或者绝对的 URL 链接，以明确 XBRL 分类标准中所定义的元素遵循哪些行业规则或标准中定义的术语和概念，从而帮助实例文档的创建者和使用者了解元素的具体含义[63]。

XBRL 分类标准中的模式文件，通过对链接库文件的引入，把模式文件中定义的元素概念关联成一个有机的整体[64]。XBRL 分类标准中模式文件链接以及元素之间的链接关系，决定了与报送商业事实有关的元素。这些说明商业事实所需要用到的分类标准的集合统称为可发现分类集（Discoverable Taxonomy Set，DTS），实例文档可以由不止一个通用模式文件来支持，而分类标准之间也可以以不同的方式进行链接、扩展和修改[3]，多个相互关联的分类标准文件组成了实例文档的可发现分类集。

（二）XBRL 实例文档

XBRL 实例文档记录的是 XBRL 报告的商业事实数据，是传统格式财务报告披露项目的对应数值以及对报告披露项目的说明信息，包括企业信息、时期信息、数值单位等，因此实例文档是以商业事实为驱动的。每个实例文档都要引入支持此实例的分类标准，即 DTS，用于说明企业发布的商业事实，每个实例都有一个 DTS。在 DTS 的基础上，实例文档通过数据项和元组来表达具体的商业事实。其中，每个商业事实的最小单位是数据项 item，其次是元组 tuple。一组相关的 item 可以组成一个 tuple，而 tuple 也可以包含其他的 tuple。例如：cash＝3000，这是一个简单的 item，记录着 cash 这个概念的值为 3000，而要更好地表达 cash＝3000 的意思，还需要用到背景（context）和计量单位（unit）两个概念。

context 是用于描述 item 的背景信息，一般用到 period、entity 和 scenario 三个子元素分别用于描述 item 事实发生的时间、实体和场景信息。例如，该商业事实发生在 2013 年 12 月 1 日，即当天的 cash＝3000 的事实。

unit 用于描述商业事实取值的单位，如 RMB、$ 等。

可发现分类集 DTS 是 XBRL 分类标准的子集，若描述商业事实所需要的概念超出了现有分类标准的定义，则需要扩展分类标准，添加新的概念和关系。

二、XBRL 报告的应用流程

XBRL 财务元数据的一致性控制任务分布在 XBRL 商业报告构建与应用的全过程，下面将对该应用流程展开分析，在此基础上分析其一致性控制的需求。

（一）XBRL 的应用主体

XBRL 的应用主体包括 XBRL 商业报告的发布者、使用者以及其他需要获取相关企业信息进行决策、分析、监管的用户，如企业投资者、债权人、会计师事务所、政府管理以及相关的监管机构等。

其中，对于使用 XBRL 进行信息处理和发布的企业，应用 XBRL 能够更好地实现财务系统与其他管理系统的数据交换，整合信息资源，快速准确地分析判断运营状况与薄弱环节，更好地支持经营管理决策。

对于投资者，通过网络发布的 XBRL 报告可让投资者更及时、全面地掌握企业的经营历史和现状的信息，便于为其未来的投资决策提供支持。

对于会计师事务所而言，在审查被审计单位的 XBRL 数据生成过程是否符合规范的基础上，可直接从客户信息系统中提取数据并进行转换，而 XBRL 可以保证数据的规范化，这将大大提升审计信息的获取效率，简化审计流程。

政府以及相关的监管机构利用 XBRL 可以及时掌握和检测各行业的经济运行数据，及时进行分析与问题反馈，为政府部门制定宏观经济政策提供科学依据；同时可以将被监管的企业纳入统一的监管系统，实现不同监管部门的信息共享，降低监管成本，提升监管效能。

（二）XBRL 的应用流程

在 XBRL 的应用过程中，各国或地区首先会根据 XBRL 国际组织编制的 XBRL 技术规范，结合本国或地区的行业实际，制定 XBRL 分类标准，形成分类标准文件。企业则按照技术规范以及本行业分类标准的要求，利用相应的软件，从本企业的数据库或者其他形式存储的各种资料中经过抽取、验证、转换等处理，制作生成 XBRL 实例文档。然后，企业或信息发布机构利用展示转换工具将实例文档中所包含的财务或商业数据按照各种报表相应的格式进行发布。使用者则从实例文档中提取所需要的数据，利用分析处理工具进行数据处理分析，形成分析结果，为其决策提供科学支持。XBRL 具体的发布与应用流程如图 3-2 所示。

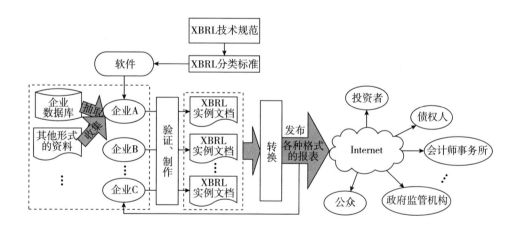

图 3-2　XBRL 的应用流程

1. 分类标准的制定与发布

分类标准是 XBRL 应用中的基础与关键，为规范采用 XBRL 编报财务报告的行为，必须依据标准化的行业标准来制定。例如，我国财政部于 2010 年 10 月制定发布的《企业会计准则通用分类标准》即为会计准则以 XBRL 格式的表述，同时还颁布了《企业会计准则通用分类标准指南》《企业会计准则通用分类标准元素清单》作为通用分类标准的说明性文件，以帮助用户了解通用分类标准的架构、内容和元素清单，作为开发扩展分类标准、编制和发布符合企业会计准则和通用分类标准的 XBRL 实例文档的依据。

2. XBRL 数据的获取与转换

XBRL 实例文档包含企业经营的事项信息，企业通过各种途径获取这些与经营活动相关的信息，因此，原始数据的格式与类型是不统一的，需要进行相应的转换。具体而言，包括手工录入、嵌入 XBRL 格式转换器、内嵌集成 XBRL 适配器三种方式[35]。其中，手工录入的方式成本最低，但是效率低下，而且需要手工重复录入已有数据，容易出错。嵌入 XBRL 格式转换器是目前主要的应用模式，可以通过 XBRL 转换器将系统生成的财务报表电子文档转换为 XBRL 文档，可以保证 XBRL 财务报表与传统的报表的一致性，但文档不能实时生成，具有一定的滞后性。集成式 XBRL 适配器的模式可以把 XBRL 适配器集成在企业原有的管理新系统中，在信息的收集过程就可以按照 XBRL 的格式来进行处理，实时输出 XBRL 文档，具有高效准确的优点，也能最大限度地发挥 XBRL 的优势，但需要对原有的系统进行大幅的变动，成本较高。

3. XBRL 实例文档的编制与报送

企业根据企业会计准则通用分类标准的要求，利用实例文档编制软件制作 XBRL 实例文档，并按照政府监管机构的要求，采用相应的报送系统进行报送。

4. XBRL 实例文档的验证

为提高实例文档的质量，应从技术和业务方面对生成的 XBRL 实例文档进行验证，既要对实例文档本身是否合规进行检查验证，也要对实例文档所表述的实体数据进行检查验证。实例文档接收单位可以利用实例文档验证软件对实例文档进行自动化检查验证，主要包括文档的语法以及数据的正确性，即语义的一致性检查。此外，会计中介机构应当对企事业单位实例文档的合规性进行审计，以确认 XBRL 实例文档所提供的内容是否符合相关法规。经过验证的实例文档存储于数据库中，对于不同的业务系统可以提供不同的 XBRL 展示形式，实现按需供应，增强数据信息跨行业、跨部门的多次可用性。

5. XBRL 实例文档的存储与利用

经过验证后的实例文档可以存储于数据库中，应用实例文档客户端软件，可以根据不同用户和业务系统所需要的格式进行展示，便于对报送企业的经济运作状况进行分析，分析结果可以为政府监管部门、会计中介机构以及相关用户的决策提供支持。

6. 应用软件的支持

从上述的应用过程中可以看出，XBRL 作为一种信息处理与共享的技术，需要使用相应的软件来支持，才能实现精确与高效的分类标准开发、实例文档生成、报送、获取、处理与分析利用。在这些应用过程中主要包括以下五类软件的支持：①XBRL 分类标准编辑软件，用于对分类标准的创建、扩展和维护；②数据转换软件，用于实现从企业原有系统中提取数据（包括数据库以及其他形式的电子文档，如 Excel、Word 等），并准换成 XBRL 格式的数据，以供实例文档的生成；③XBRL 实例文档编辑软件，用于对实例文档的创建、修改、维护管理等；④XBRL 实例文档验证软件，用于对实例文档内容进行检验，检查实例文档的报送内容是否完整，表述的事项是否正确，是否存在前后矛盾等；⑤XBRL 实例文档客户浏览软件，用于根据用户或者商业报送等要求转换成相应的浏览格式，并提供相应的查找、搜索、数据分析等功能。

三、XBRL 财务元数据的一致性控制需求

XBRL 在财务报告中的应用主要是遵循各国的会计准则来制定分类标准，并根据企业商业事实来编制实例文档。而根据美国财务会计准则委员会对会计信息质量的阐述，会计信息的质量具有一定的层级结构：它以成本效益原则为前提，

XBRL 财务报告元数据一致性研究

首要质量由相关性和可靠性构成，次要和交互质量由可比性构成[65]。会计信息的相关性要求是指企业或组织提供的会计信息要与投资者的经济决策需要相关，投资者可以根据自己的需要获取特定的会计信息，并对自己的投资决策提供支持；可靠性要求企业所反映的信息与企业的实际情况基本一致。对于实施了 XBRL 的企业而言，可以利用分类标准中对各个元素关系的一致性检验来实现；可比性要求企业提供的会计信息应当使同一企业在不同时期发布的信息具有可比性，而且不同企业相同会计期间也可比。XBRL 财务报告遵循统一的 XML 格式，然而 XBRL 核心的分类标准却可以根据各国、行业的具体情况来制定，而且同一行业不同企业也有不同的报送需求，因而具有可扩展性。XBRL 的这种特征使分类标准具有明显的异构性，因此，大大增加了 XBRL 财务信息可比性与一致性控制的难度。本书将借鉴美国财务会计准则委员会对会计信息质量的要求，结合 XBRL 财务元数据的特征，探讨其一致性控制的需求。

元数据质量的高低直接关系到系统的开发质量和服务效果。只有高质量的元数据描述才能提供高质量的数据及其服务。元数据的一致性问题包括语法一致性和语义一致性两种类型[11]。语法一致性是指元数据的描述是符合一定的建模语言语法，语法一致性可以保证数据具有良结构。Tim Berners-Lee 认为语义 Web 的语义是形式符号的指称[8]。因此，语义一致性在语义 Web 的层面来说，是指形式化的符号与其指称的对象是否一致的问题。本书从语义 Web 的角度研究 XBRL 财务元数据的语义，因此，对于 XBRL 财务元数据而言，其语义一致性是指财务元数据对应的概念及其概念关系的描述是否与该财务元素的含义描述一致。

XBRL 格式的财务报告含有大量的元数据，最终以分类标准和实例文档的形式进行报送。从上述 XBRL 的发布流程可知，实例文档制作的依据是 XBRL 国际组织公布的技术规范以及各国根据行业特点制定的分类标准。XBRL 技术规范是统一的国际标准，是指导性的文件，定义了各类专业术语，规定了分类标准和实例文档的结构以及构建方法[63]，但并未涉及具体的财务元素语义问题。因此，XBRL 元数据一致性控制的关键在分类标准的元数据描述以及实例文档的元数据一致性问题上。对于包括多个分类标准的 XBRL 系统而言，其元数据的一致性需求分为同一组织的 XBRL 一致性和多个组织之间的 XBRL 一致性两部分。

· 48 ·

（一）同一组织的 XBRL 一致性控制需求

同一组织的 XBRL 元数据的一致性主要是指同一组织的 XBRL 文档的元数据语义一致性，具体包括同一组织的 XBRL 分类标准的语义一致性和实例文档的元数据一致性两方面。

1. 分类标准的语义一致性

如前所述，XBRL 分类标准包括模式文件和链接库文件，分别用于定义财务元素的概念以及概念之间的链接关系。而模式文件中的基本元素的语义指称一般是通过参考链接来让元素指向某个具体的权威出处，以此来保证元素概念的一致性。元素之间的关系则通过链接库中的弧角色（Arcrole）来指明其链接关系的类型，并通过弧（Arc）的指向（xlink:from 和 xlink:to）来指明该角色所连接的两个财务元素。

其中，对于同一组织的 XBRL 中模式文件的一致性主要是其描述的元数据概念是否一致，是否存在冲突。概念的语义一致性包括命名冲突和含义冲突两种[40]。命名冲突是指概念的名称相同，但披露的含义不同。含义冲突则是指概念的披露含义相同，但名称不同。对于链接库文件则是判断元素的链接关系是否正确，主要包括定义、计算和列报关系的一致性，通过对链接关系描述的元素属性值的判断来实现。

2. 实例文档的元数据一致性

由于 XBRL 实例文档是根据分类标准和技术规范来编制的，技术规范规定了实例文档的语法结构和制定方法，具体的元数据及其关系是通过分类标准来描述的，因此，XBRL 实例文档的元数据一致性是指实例文档中的元数据与分类标准的元数据是否一致。

（二）多个组织之间的 XBRL 一致性控制需求

多个组织之间的 XBRL 一致性控制主要是解决分布式异构 XBRL 财务数据的可比性问题。由于实例文档是根据技术规范和分类标准来编制的，其一致性问题主要来源于技术规范和分类标准的差异性。而企业所遵循的行业规范、技术规范以及概念的命名规则等的差异，导致了多个组织之间的 XBRL 分类标准的异构。因此，多个组织之间的 XBRL 一致性问题主要是指多个组织之间的 XBRL 分类标准的一致性。

如前所述，元数据的不一致问题分为语法和语义不一致性，本书主要研究的是语义层面的不一致性。具体而言，多个组织之间的 XBRL 一致性问题主要是指多个组织之间的 XBRL 元数据的语义冲突问题，包括概念的语义一致性和概念之间关系的一致性两方面。

（1）元素概念的语义冲突包括两种情况：一是命名冲突，指的是名字相同但含义不同的冲突；二是含义冲突，指的是名字不同但含义相同的冲突。XBRL 对概念的命名冲突主要通过概念的属性值、标签、参考来源来判断和检测。一般而言，由于各地命名规则不同，多个组织之间的 XBRL 中很少会出现同名而异义的命名冲突。含义冲突需要解决概念的映射问题，而概念的含义主要通过权威的参考链接来解释，因此，对于概念的含义冲突可以通过检测其参考链接是否一致来判断。

（2）在涉及多个组织的 XBRL 系统中，元素概念之间关系的一致性主要是指在保证概念一致性的基础上，进一步判断概念间的定义、列报和计算等关系的描述是否存在冲突。而概念间的关系主要通过链接库的角色弧来描述。因此，对于多个组织之间的 XBRL 财务元素概念之间关系的一致性是指在保证概念正确映射的基础上，判断其弧的连接是否一致。

四、基于语义的 XBRL 财务元数据一致性控制框架

从 XBRL 的应用流程来看，企业根据 XBRL 技术规范文档以及所在区域的行业通用分类标准，根据自身的报送需要，对通用分类标准进行扩展，并根据企业的业务数据进行转换，编制 XBRL 实例文档来披露其商业信息。发布的 XBRL 文档可在互联网上供相应的利益相关者查阅、下载以及处理分析利用。并且利益相关者的需求并不局限于本地，往往具有跨区乃至跨国的信息需求，因此，对多个组织之间的 XBRL 财务信息也提出了相应的需求。由此可见，XBRL 的元数据一致性控制控制框架可以分为同一组织的 XBRL 一致性和多个组织的 XBRL 映射与检验的两部分。

而从 XBRL 的系统结构来看，涉及的财务元数据主要分布在 XBRL 分类标准和 XBRL 实例文档中。因此，XBRL 财务元数据一致性控制问题主要包括同一组织的 XBRL 分类标准元数据的一致性、实例文档的一致性以及多个组织之间的 XBRL 的一致性映射与检验控制三个模块。具体框架如图 3-3 所示。

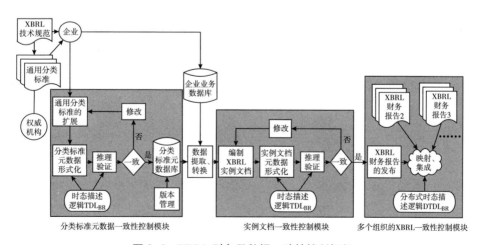

图 3-3　XBRL 财务元数据一致性控制框架

（一）分类标准元数据一致性控制模块

如图 3-3 所示，在分类标准元数据一致性控制模块中，企业根据 XBRL 技术规范的规定和本地区的通用分类标准文件，结合自身的报送需要，对通用分类标准进行扩展，形成了企业报送的分类标准。此时要对扩展的分类标准进行一致性检验，是否存在语义冲突，如果不存在冲突则将分类标准存在元数据库中，供分析利用。否则，如果存在语义冲突则经过修改正确后再存储。

模块中的关键是如何进行 XBRL 分类标准中财务元素的语义检测，而要实现语义冲突的自动检测必须先要解决语义的形式化问题。XBRL 分类标准被看作是相关财务报告领域的共享性与权威性术语的"词汇"，具有较明显的本体特征。因此，这里我们将以本体作为其语义检测的主要技术，运用表达力较强的描述逻辑，并对其进行时态算子的扩展，在此基础上对 XBRL 分类标准中的财务元素概念以及概念间的关系进行形式化表示，并以本体自身的概念一致性检验功能以及知识库的推理机来检测其语义冲突，以此保证分类标准编制的正确性。经过一致性检验后的 XBRL 分类标准元数据将存放于元数据存储库中，这是有效管理元数据的基础，通过程序接口实现与企业经营管理数据的结合，为实例文档的报送作准备。

如前所述，XBRL 分类标准的一致性包括财务元素概念以及概念间关系的一致性。在本模块中，模式文件对财务元素的定义主要通过元素名以及元素的 6 个基本属性（name、type、xbrli：periodType、nillable、abstract、substitutionGroup）、与该元素相关的标签以及参考链接的 href 属性来描述。由于是对同一组织的 XBRL 分类标准的检测，不允许存在同名元素定义，因此认为如果模式文件的概念同名则是同一个概念。此外，对于同一个 XBRL 分类标准来说，如果财务元素不同名，但上述的 6 个基本属性和参考链接均相同，则也认为是相同的元素概念。因此，对元素概念的一致性检测主要从上述两方面来展开。对于概念间关系的一致性，则需要引入相应的技术规范，如制定分类标准的会计准则，编制一致性检测规则以实现元素关系的冲突检测。

上述的概念以及概念关系的检测对应于知识库中的 Tbox 一致性检测，可以用相关的推理方法来支持和实现。

此外，有效的分类标准元数据存储库，可以支持 XBRL 的版本管理。由于 XBRL 分类标准元数据存储库中财务元数据经过了语义一致性的检测，因此，保证了先后报送两个版本的分类标准的语义正确性。在此基础上，通过引入 XBRL 元数据的版本管理机制，可以实现 XBRL 分类标准元数据版本信息的存储、查询以及不同版本分类标准元数据的分析、比较与利用，为 XBRL 版本管理报告的生成提供数据库技术支持。

（二）实例文档元数据一致性控制模块

在保证扩展的 XBRL 分类标准元数据无语义冲突的基础上，企业将根据自身的经营业务数据，编制 XBRL 实例文档。XBRL 实例文档的一致性检验包括实例文档所报送的元素概念一致性以及元素的财务关系的一致性检验两部分。其中，实例文档元素概念的一致性检测可以通过与分类标准的财务元数据进行比较，检查是否存在冲突。而实例文档中元素概念的关系主要是指报送的商业事实是否符合财务报告中的相应定义，具体是指元素层级列报、元素的事实值等关系是否存在矛盾、冲突。其判断的依据首先是分类标准中对元素关系的定义，实例文档中的关系主要是指对相应的分类标准中关系实例化是否正确，即对应于知识库中的实例集 Abox 的检测。

以上的两个模块从 XBRL 财务元数据语义的角度保证了同一组织的 XBRL 财务元数据的一致性，加上对同一组织的 XBRL 分类标准版本管理规范，将可以较系统地保证根据同一组织的分类标准报送的 XBRL 财务报告的数据质量。

（三）多个组织之间的 XBRL 数据一致性控制模块

对于涉及多个组织的分类标准的 XBRL 系统，数据的一致性控制是指如何保证多个异构 XBRL 数据的可比性，为分布式环境的 XBRL 财务数据的分析、比较和利用提供基础。由于 XBRL 分类标准是异构的，因此必须解决不同分类标准之间的元素概念以及概念关系的映射问题。本书建立的多个组织之间的 XBRL 数据一致性控制模块将从 XBRL 财务数据的分布式特点出发，探索合适多个组织之间的 XBRL 财务元数据语义表达的描述逻辑体系，在此基础上构建多个异构 XBRL 的逻辑映射规则，提高全局 XBRL 财务元数据的可比性，为进一步的多个组织之间的 XBRL 财务数据的比较、分析提供逻辑基础。

具体而言，将对时态描述逻辑进行分布式扩展，并研究多个组织之间的 XBRL 财务元素概念之间的映射。由于 XBRL 采用 Xlink 技术，对每个概念的定义都有具体的权威链接出处，因此，为分类标准元素概念的映射提供了依据，使多个组织之间的 XBRL 财务数据的可比性成为可能。对于涉及多个组织的 XBRL 财务元素的关系，可以在概念映射的基础上，通过对链接库的关系形式化后，开发映射规则实现其关系的一致性检测与控制。

上述三个模块构成了 XBRL 财务元数据的一致性检测系统，该系统分为同一组织和多个组织之间的 XBRL 财务元数据的检测两部分。可以通过引入本体的逻辑描述以及开发相应的推理机来实现本地和分布式知识库的一致性检测。从上述三个模块的一致性检测描述，可以看出，同一组织的 XBRL 元数据一致性检测在描述逻辑推理中可以分别对应于知识库中的术语集 Tbox 和实例集 Abox 的知识表示和推理。多个组织之间的 XBRL 财务数据一致性检测则可以通过映射与交互推理规则实现。因此，可用相应的知识库形式化和推理技术来实现，如图 3-4 所示。

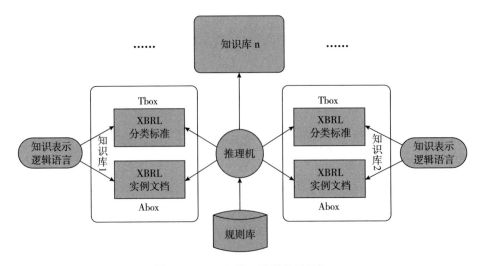

图 3-4　XBRL 的一致性推理结构

五、关键技术

XBRL 呈报商业信息，具有实时、高效、自动检测等优点。从本体知识的推理角度来看，要实现基于语义的 XBRL 财务元数据的一致性控制，必须解决 XBRL 财务元数据的形式化表达、一致性检验与冲突消解、数据转换、概念与关系的映射等问题。

（一）元数据语义的形式化表达与检验

形式化是指以一定的符号来表示相应的概念以及概念之间的关系，使计算机可识别[35]。元数据的形式化表达需要有对领域元数据的语义规则，如归纳公理和元素关系的规则描述，进行规则的转换，最终转换成计算机可理解、推理的规则，因此，元数据语义的形式化表达是实现计算机自动获取、分析数据并进行智能化推理的基础。

目前对于 XML 文档的数据形式化方法较多，包括 RDF、OWL 等，但这些方法在语义推理方面的功能较差，因此本书将从逻辑的角度，研究 XBRL 财务元数据语义形式化表达的逻辑基础。描述逻辑具有很强的表达力，且具有可判定性的优点，在知识表示领域得到了广泛的关注和研究。本书将选择描述逻辑作为 XBRL 元数据语义形式化表达的工具，根据 XBRL 财务元数据的特点，对描述逻辑进行构造算子的扩展，建立适合多个组织之间的时态 XBRL 财务数据特征的形式化表达逻辑理论基础。在此基础上，探索 XBRL 财务元数据的一致性检验规则，为 XBRL 财务数据质量控制提供逻辑基础。

（二）数据转换

XBRL 的优势在于基于 XML 标准语言格式，具有可扩展性和一定程度的计算机可识别性，而 XML 中的 Xlink 技术主要用于语法和文档结构的规范上，不具备语义表达的能力，需要通过人工识别[66]。因此需要对 XML 格式涉及的元数据语义进行形式化，以达到 XML 的可理解性。

XBRL 的需求用户涉及面非常广，对 XBRL 数据的需求及其展示方式也各有差异，因此必须解决 XBRL 数据转换的问题，才能达到多个不同组织之间的异构 XBRL 数据的可比性与可理解。XBRL 数据转化需求如下：

1. 业务数据到 XBRL 数据的转换

从企业经营的业务数据中进行抽取，并按照 XBRL 技术规范和分类标准的规范，编制 XBRL 格式的财务报告。

2. XBRL 格式的数据转换与存储

企业编制 XBRL 财务报告以 XML 文件格式进行报送，对于 XBRL 财务元数据的质量控制体系，需要对 XBRL 财务元数据进行提取、存储，以便进行进一步的检验和分析利用。

3. XBRL 格式的数据到其他展示格式的转换

XBRL 财务报告基于 XML 文件格式，人的可读性较差，因此需要转换成用户容易阅读的格式，如传统的电子版财务报表等，根据 XBRL 分类标准中的列报链接库可以方便地实现财务报告的传统列报。

（三）数据存储

有效的存储方案势必会推动 XBRL 的普及与发展，目前针对 XBRL 数据的存储主要包括文件和数据库两种方式。

1. 以文件形式存储

XBRL 是基于 XML 的一种自描述语言，具有一定的结构化特点，可在一定程度上对数据之间的关系实现计算机可识别与可理解，以 XML 文件的形式进行存储是 XBRL 最简单的存储方式，而目前 W3C 已经给出针对 XML 文件路径表达式的查询语言 XQuery[67]，可以实现对原始 XML 数据的查询、编辑与管理。

2. 以数据库形式存储

数据库技术的使用大大降低了企业的数据管理成本，提高数据管理的效率，因此大多企业都已使用数据库系统对其数据信息进行管理。

目前，关系型数据库是最成熟的数据库形式，绝大多数企业都使用关系型数据库作为其数据的存储方式。通过对 XBRL 数据结构和内容进行分解，可以实现以关系数据库的形式进行 XBRL 数据的转换，并录入到企业现有的关系型数据库中进行存储与管理，大大降低企业应用 XBRL 的成本。但以关系型数据库的方式进行 XBRL 数据的存储，需要对 XBRL 分类标准文件和实例文档中的元素属性进行分析，提取有效内容，因此容易忽略某些内容，造成一定程度的信息失真问题。

XML 数据库是另一种数据库存储方式。XML 数据库是以 XML 文档的形式进行存储，而不像关系型数据库那样以数据的形式进行存储，能实现 XML 文档的原生态存储，不会有信息失真的问题[9]。但目前 XML 数据库技术还不成熟，功能不如关系型数据库完善。

关系型数据库的管理对象是数据，可以方便地实现数据分析与智能化数据挖掘。XML 数据库以 XML 形式进行查询，在数据挖掘与分析方面功能较差。

XBRL 财务元数据的一致性控制体系中需要元数据库的支持，根据上述的分析，本书将选择关系型数据库来开发 XBRL 的财务元数据存储库，用于存储和管理 XBRL 财务元数据。

（四）异构分类标准的映射

对于涉及多个异构分类标准的 XBRL 系统来说，解决多个组织之间的 XBRL 报告数据之间可比性，是实现多个异构 XBRL 财务数据交互的前提。一般对多个系统的分布式交互操作，关键是解决异构系统之间的映射问题。由于 XBRL 遵循统一的技术规范，XML 文档结构固定，因此，多个组织之间的 XBRL 财务数据的映射问题具有可行性。

对异构系统的映射交互问题，可分为两种：

1. 直接映射

异构系统的直接映射是指直接针对异构系统建立交互的规则，实现异构系统的互操作。这种方法适用于两个异构系统的交互，但对于多个分布式的异构系统，其可操作性较差。

2. 间接映射

根据异构系统的特点，选择合适参照系统，各个异构系统直接与参照系统进行映射，从而实现异构系统信息的标准化转换，达到信息的可比性。这种方法适用于多个异构系统之间具有明显的共同特征的情况。各个组织的 XBRL 系统均遵循 XBRL 的体系架构，并以 XBRL 国际组织的技术规范为基础，各国构建的分类标准也逐渐与国际准则接轨，如国际会计准则 IASB，因此可以将这些国际公认的准则作为参照映射系统，进而实现多个异构 XBRL 系统财务数据的比较、集成、分析、利用等交互操作。

六、本章小结

本章首先分析 XBRL 的应用业务流程，剖析了 XBRL 应用主体在流程中的作用；其次根据会计信息质量特征，结合 XBRL 分类标准和实例文档对元数据的一致性控制需求，提出了基于语义的 XBRL 财务元数据一致性控制框架，该一致性控制框架包括同一组织的 XBRL 分类标准和实例文档的一致性以及多个组织之间的 XBRL 一致性三个模块，以时态描述逻辑 TDL_{BR} 对单个 XBRL 元数据的形式化，以分布式时态描述逻辑 $DTDL_{BR}$ 对多个 XBRL 的映射规则形式化表达，实现一致性检测与控制，总结上述工作可以对应于单个知识库以及多个分布式知识库的 TBox 和 ABox 推理来实现；最后论述了 XBRL 一致性控制框架中的关键技术。

第四章 时态描述逻辑 TDL$_{BR}$ 及其推理算法

如前所述，XBRL 一致性控制的首要关键问题是 XBRL 元数据的语义形式化表达问题。本章将在分析同一组织的 XBRL 财务数据特点的基础上，探讨其语义形式化表达的理论和方法。描述逻辑 DL 是基于对象的知识表示的形式化方法，它是一阶谓词逻辑的一个可判定子集，具有很强的表达能力和可判定性[8]，可从知识库中显式包含的知识推导出隐含表示的知识，是 W3C 推荐的 Web 本体语言 OWL 的逻辑基础。对描述逻辑的构造算子进行扩展可以增加其表达力，XBRL 财务报告具有明显的时态特征，如年、月、日等，因此，需要对描述逻辑进行时态扩展，研究精的语义形式化表达的逻辑基础。

目前，针对 Web 环境的各种特征和应用需求，学者们提出了描述逻辑的各种扩展形式，这些扩展的描述逻辑主要集中于解决静态知识的表示和推理问题，很少有对动态知识变迁的描述逻辑扩展研究。XBRL 商业报告中涉及大量的时态数据，传统的描述逻辑无法满足时态知识的表示要求。对时态知识的形式化表示问题，国内外学者提出了各种扩展的思路和算法验证。其中，Lutz 等（2007）针对基于间隔、Allen 针对时间区间关系的具体时态领域，给出了在一般概念包含公理下的描述逻辑推理 Tableau 算法[46]，Baader[47] 等（2008）提出的线性时态描述逻辑 ALC-LTL 将时态算子应用于关系（公式）中，并证明了公式的可满足性问题为 EXPTIME——完全。对于 XBRL 的时态特征及其形式化表示问题，目前还鲜有学者进行研究。本章将在传统描述逻辑的基础上，结合 XBRL 元数据的时态表示特征，将时态维加入到传统的描述逻辑中。由于 XBRL 中的时态数据主要是基于时刻的，因此，本章将借鉴 Baader 的线性时态描述逻辑，提出一种基于时刻的时态描述逻辑来形式化表示 XBRL 中的术语、属性和关系，以便更精确地表达 XBRL 中的时态知识。

一、时态描述逻辑 TDL$_{BR}$

XBRL 财务报告的时态特征主要是基于时刻的商业事实，具有线性的时态特点，而 XBRL 是基于 XML 格式的语言，财务元素的概念通过元素的各种属性来说明。因此，针对上述元数据特点，我们提出了一种支持概念同一性约束的描述逻辑 TDL$_{BR}$，该描述逻辑对于 XBRL 抽象模型和元数据的结构化机制提供了很好的表现能力，并配备了可判定的推理步骤，能够为 XBRL 财务元数据语义的精确表达和推理提供形式化的逻辑支持。

时态描述逻辑 TDL$_{BR}$ 由传统描述逻辑扩展而来，其中的实例、概念和角色所表示的含义与经典描述逻辑一致，属性值表示与实例相关的时间点，这里引入时间变量 t 来表达概念的时态特征。具体符号表示为：A 为原子概念，C 为一般概念，P 为原子关系，R 为一般概念的二元关系，AT 为原子时态概念，T 为时态概念，如 XBRL 财务报告中的日、月、季、年等属性，R$_T$ 为时态关系。

参照传统的描述逻辑的基本符号，基于 XBRL 的时态描述逻辑 TDL$_{BR}$ 中的符号定义如下：

定义一： 一般概念 C 表示为：$C ::= \top_1 \mid A \mid \neg C \mid C_1 \sqcap C_2 \mid AT \mid T \mid C@t \mid (\leq k[i]R)$，具体定义如下：

（1）全概念 $\top_1$、原子概念 A、原子时态概念 AT、时态概念 T 都是概念；

（2）如果 C_1、C_2 为概念，则 $\neg C$、$C_1 \sqcap C_2$ 也为概念；

（3）$C@t$ 表示在时态 t 的概念 C；

（4）$\leq k[i]R$ 表示关系 R 的第 i 个要素对应于 R 的多重性约束，加上约束的概念也为概念。

其中，i 表示关系 R 的第 i 个要素，取值为 1 或 2；k 为非负整数。

定义二：关系 R 表示为：R ::= $\top_2$ | p | ($i/2$：C) | ¬R | R$_1$⊓R$_2$ | R$_T$，具体定义如下：

（1）关系的全集 $\top_2$、原子关系 P、时态关系 R$_T$ 都是关系；

（2）如果 R、R$_1$、R$_2$ 为关系，则 ¬R、R$_1$⊓R$_2$ 也为关系。

其中，（$i/2$：C）表示与关系 R 相关的第 i 个概念是 C；R$_T$ 为时态关系，可取 $=t$、$\leq t$、$\geq t$、$<t$、$>t$（t 为参照时间，上述时态关系的合取可以用于表示区间时态），表示与参照时间的先后关系，当 R$_T$ = $\perp$ 时，表示不存在时态关系，此时的概念则为一般概念，因此时态概念可以看作是一般概念的特例。

TDL$_{BR}$ 的知识库由术语集 TBox 和实例集 ABox 组成，即 K = {TBox，ABox}。

其中，术语集 TBox 是描述具体领域的公理的集合，包含概念和关系，是由 C$_1$⊆C$_2$，R$_1$⊆R$_2$ 等包含公理所组成的集合。此外，TDL$_{BR}$ 允许存在表达同一性约束的公理：（eq C[i_1]R$_1$，…，[i_n]R$_n$），其中，C 是概念，R$_j$ 表示第 j 个关系，i_j 表示关系 R$_j$ 中的第 i_j 个要素。该约束用于表达如果概念 C 的两个实例都作为 R$_j$ 的第 i_j 个要素关联到 R$_j$，则可以认为二者是同一实例。

ABox 是描述具体情形所采用的公理的集合，用于表示实例的概念以及实例化的关系。例如，person、hasChild 分别为概念和二元关系，属于术语集 TBox 的范畴，而其实例化对象：张三、hasChild（张三、李四）则属于实例集 ABox 的范畴。

为了定义时态描述逻辑 TDL$_{BR}$ 的语义，设符号 I 表示一个解释，解释 I 由表示解释领域的非空集合 Δ^I、时态解释集合 Δ^T、解释函数 $\cdot^I$ 和 $\cdot^T$ 组成，即 I = (Δ^I，Δ^T，$\cdot^I$，$\cdot^T$)，通过解释函数的映射，使概念 C 为解释领域集的子集 C^I，关系 R 为 $\Delta^I \times \Delta^I$ 的子集 R^I，时态概念 C@t 解释为 $C^I \times t^T$，时态关系 R$_T$ 为 R$_T^T$。详细的语义解释如表 4-1 所示。

表 4-1　TDL$_{BR}$ 的语义规则

符号	语义解释
$\perp^I$	∅
$\top_2^I$	$\Delta^I \times \Delta^I$

符号	语义解释
AT^T, T^T	Δ^T
P^I	$\top_2^I$
R_T^T	$\top_2^T$
$(\neg C)^I$	$\Delta^I \setminus C^I$
$(\neg R)^I$	$\top_2^I \setminus R^I$
$(C_1 \sqcap C_2)^I$	$C_1^I \cap C_2^I$
$(R_1 \sqcap R_2)^I$	$R_1^I \cap R_2^I$
$(i/2\colon C)^I$	$\{r \in \top_2^I \mid r[i] \in C^I\}$
$(\leq k[i]R)^I$	$\{c \in \Delta^I \mid \|\{r \in R^I \mid r[i]=c\}\| \leq k\}$
$(eq\ C[i_1]R_1, \cdots$ $[i_n]R_n)^I$	$\{\forall c, d \in C^I, \forall r_1, s_1 \in R_1^I, \cdots, \forall r_n, s_n \in R_n^I: \{c=r_1[i_1]=\cdots=r_n[i_n]\} \wedge$ $\{d=s_1[i_1]=\cdots=s_n[i_n]\} \wedge \{r_k[i_k]=s_k[i_k]\}, k=\{1, \cdots, n\} \rightarrow \{a=b\}\}$

对于时态描述逻辑 TDL_{BR} 的概念和关系的定义可知，其构造算子涉及概念的否定、交、数量约束，并在此基础上加上了概念的同一性约束以及时态概念和时态关系，而时态的概念也可以看作术语集 TBox 中一般概念的特例，如财务数据中的年、月、日等时态概念，时态关系（＝、<、>、≤、≥）可通过 ALCN 中的数量构造算子（≤、≥）转化而来，因此时态描述逻辑 TDL_{BR} 属于 ALCN 系统，是 ALCN 的子集。

二、时态描述逻辑 TDL_{BR} 的推理任务

时态描述逻辑 TDL_{BR} 是针对 XBRL 的时态扩展的知识表示与推理系统，TDL_{BR} 知识库由术语集 TBox 和实例集 ABox 组成，其中，术语集 TBox 包括 XBRL 领域中的概念以及概念之间的关系的集合，即分类标准财务元素的集合，ABox 则可看作是 XBRL 中实例文档的类及其关系的集合。相应地，描述逻辑 TDL_{BR} 的

推理任务包括对 TBox 和 ABox 推理两部分，TDL_{BR} 知识库中的 TBox 的推理问题主要是指概念以及概念关系的可满足性推理，ABox 的推理问题则主要是指实例及其关系的可满足性问题，具体定义如下：

（1）概念的可满足性：对于 TBox 中的非空概念 C 的可满足性是指能否找到一个解释 I，使 $C^I \neq \varnothing$ 成立，如果存在这样的解释 I 则称概念 C 是可满足的。

（2）知识库的可满足性：对于知识库 KBox K，判断是否存在一个解释 $I = (\Delta^I, \Delta^T, \cdot^I, \cdot^T)$，若 I 满足 K 中的所有断言，则称 I 是 K 的一个模型，记作 $I \vDash K$，若知识库 K 中存在一个模型 I，则称知识库是可满足的。

（3）概念包含关系的可满足性：如果 TBox 中的概念 C_1、C_2 存在包含关系，其可满足性是指是否知识库 K 中的每个解释 I 使 $C_1^I \subseteq C_2^I$ 都成立，记作 $K \vDash C_1 \subseteq C_2$。

（4）实例的可满足性：实例 C(c) 的可满足性是指是否 K 中的每个解释 I 都使 $c^I \in C^I$ 成立，记作 $K \vDash C(c)$。

（5）实例关系的可满足性：实例关系 $r(c, d)$ 的可满足性是指是否 K 中的每个解释 I 使 $(c, d)^I \in r^I$ 成立，记作 $K \vDash r(c, d)$。

（6）实例检索：是指在 K 中找到概念 C 的所有实例元素 c，使 $\{c \mid K \vDash C(c)\}$ 成立。

三、时态描述逻辑 TDL_{BR} 的性质

时态描述逻辑 TDL_{BR} 的推理问题具有以下性质：

定理一： 时态描述逻辑 TDL_{BR} 的一致性推理问题都可以转化为可满足性问题。

证明： 如前所述，TDL_{BR} 的一致性推理问题包括 TBox 中的概念、概念的包含关系、知识库、实例个体、实例关系以及实例检索六个方面，下面就这六类的推理问题证明其可转化为可满足性问题：

（1）概念以及概念的包含关系：对于任意两个概念 C 和 D，有：C 是不可满

足的等价于 C 被底概念 $\perp$ 所包含，即 $C \subseteq \perp$；C 和 D 是等价的等价于 $C \subseteq D$，且 $D \subseteq C$，即 C 和 D 相互被包含；C 和 D 是不相交的等价于 $C \sqcap D$ 被底概念 $\perp$ 所包含，即 $(C \sqcap D) \subseteq \perp$。而对于 $C \subseteq D$ 等价于 $C \sqcap \neg D$ 是不可满足的；C 和 D 是等价的等价于 $C \sqcap \neg D$ 和 $D \sqcap \neg C$ 都不可满足；C 和 D 是不相交的等价于 $C \sqcap D$ 是不可满足的。因此，对于概念的一致性问题可以转化为可满足性问题。

（2）对于 TDL_{BR} 知识库 K 中实例 $C(c)$ 一致性问题可以表示为 $K \sqcap \{\neg C(c)\}$ 的问题，两者的交集为空，代表该实例在知识库中是不可满足的；而对于实例检索问题则可通过所有实例的一致性检测来实现，因此同样可以转化为实例在知识库中的可满足性问题。

综合上面两种情况，时态描述逻辑 TDL_{BR} 的一致性推理问题都可以转化为可满足性问题得证。

定理二： 时态描述逻辑 TDL_{BR} 是的推理问题是可判定的。

证明： 为了避免推理的循环，描述逻辑系统 ALCN 的推理规定对所有个体进行枚举，个体 x 可能只被枚举中出现在 x 前的个体 y 阻止，这样必然保证了推理算法的终止性，即 ALCN 的一致性问题是可判定的[68]，而 TDL_{BR} 作为 ALCN 的子集，因此，TDL_{BR} 也是可判定的。

四、时态描述逻辑 TDL_{BR} 的推理算法

有效的描述逻辑的推理算法主要包括结构包含算法和 Tableau 算法[8]。其中，结构包含算法比较简单，适用于早期简单的描述逻辑系统，而 Tableau 算法则可针对不同的描述逻辑构造算子建立相应的推理规则，具有很好的扩展性，是目前被广泛采用的描述逻辑推理算法[61]。本书将根据时态描述逻辑的构造算子特点，构造相应的 Tableau 算法并给出算法的性质以及复杂度。

（一）TDL_{BR} 的 Tableau 算法

Tableau 算法是一阶逻辑的证明论，而描述逻辑是一阶逻辑的一个可判定的

子集，因而能够造出可靠完全的 Tableau 算法[69]，用于判定系统的推理问题。描述逻辑是一阶谓词逻辑的可判定子集，对于一个 TDL_{BR} 概念 C_0 判断其是否为可满足的，就是要寻找使 C_0^I 成立的解释 $I=(\Delta^I, \Delta^T, \cdot^I, \cdot^T)$，如果能找到则说明在解释 I 下概念 C_0 是可满足的，否则 C_0 是不可满足的。现实中，对于事物的解释是不可数的，不可能遍历所有的解释来进行判断是否满足。Tableau 算法规则就是为解决推理的可终止性而提出来的，其基本思路是通过构造概念表达式 C_0 的模型来证明概念 C_0 的可满足性，而这个构造的模型被称为一棵完整树，模型中的个体对应着树的结点，完整树上结点的标注是一组概念的集合，边的标注是概念间的关系（角色）[8]。

Baader 等（2001）已证明如果概念表达式的模型是可满足的，则 Tableau 算法在描述逻辑 ALCN 系统中可在有限步内终止[70]。Tableau 树的具体扩展过程是根据概念 C_0 的实例 x 必须满足的条件并按相应的构造算子的扩展规则对概念 C_0 及其子概念进行展开，最终以一致或不一致的实例集合 $A_0=\{C_0(x)\}$ 来判断 C_0 的可满足性。

下面给出 TDL_{BR} 的 Tableau 算法假设与基本符号说明：

（1）为简化构造，通过德摩根定律，可以把概念转化为标准否定范式 NNF（否定只出现在概念的前面，而不允许出现在角色的前面）。

（2）x 表示某个个体（结点），S 表示结点的集合，即 $x \in S$，$A(x)$ 表示包含个体集合的实例集；TDL_{BR} 的完整树上的结点 x 都用集合 $A(x)$ 来标注，即 $A(x) \subseteq sub(C)$；完整树上的边 $<x, y>$ 用个体集合的子集 $sub(C)$ 中的角色 R 来表示，即 $L(<x, y>)=R$。

（3）如果结点 x 和结点 y 由边连接，即 $L(<x, y>)=R$，则称 y 是与 x 有关的角色 R-后继。

（4）如果结点 x 中既包括概念 C 又包括 C 的否定 $\neg C$，则 $A(x)$ 称包含冲突，包含冲突或者是无法再对树进行算法扩展的完整树是完全的[67]。

对于 TDL_{BR} 中的概念 C，如果存在算法规则可以构造出一个模型则可判定 C 的可满足性，主要通过扩展完整树来实现，主要过程如下：

（1）初始化树 T，该树只包含根结点 x_0，且赋值使 $A_0=\{C(x_0)\}$；

（2）根据如表 4-2 所示的规则不断对完整树 T 进行扩展，如果直到算法结束都没有产生冲突，即得到的是一棵完全的、无冲突的完整树，则称概念 C 是可满足的；否则称 C 是不可满足的。

表 4-2　TDL$_{BR}$ 的 Tableau 扩展规则

规则名	扩展规则及其说明
⊓-规则[50]	如果概念 C_1、C_2 的交属于集合 $A(x)$，但两者的集合不属于 $A(x)$，即 $C_1 \sqcap C_2 \in A(x)$，且 $\{C_1, C_2\} \notin A(x)$，则集合增加两个概念 C_1、C_2，即 $A(x) \rightarrow A(x) \cup \{C_1, C_2\}$
⊔-规则	如果概念 C_1、C_2 的并属于集合 $A(x)$，且两者的集合与 $A(x)$ 的交集为空，即 $C_1 \sqcup C_2 \in A(x)$，且 $\{C_1, C_2\} \cap A(x) = \varnothing$，则在集合中可添加任一个概念 C_1 或者 C_2，即 $A(x) \rightarrow A(x) \cup \{C_1\}$，或者 $A(x) \rightarrow A(x) \cup \{C_2\}$
@-规则	如果时态概念 $C@t(x) \in C$，且 $C(t) \notin C$，则增加时态概念 $C(t)$，即 $A(x) \rightarrow A(x) \cup C(t)$
∃-规则	如果完全存在约束 $\exists R.C \in A(x)$，且不存在 x 的一个 R-后继 y，即 $(x, y) \in R$，使 $C \in A(y)$，则增加这个结点 y，使 $A(<x, y>) = R$，且 $A(y) = \{C\}$
∀-规则	如果值约束 $\forall R.C \in A(x)$，且存在 x 的一个 R-后续 y，即 $(x, y) \in R$，但 $C \notin A(y)$；则在集合中添加概念 C，即 $A(x) \rightarrow A(x) \cup \{C\}$
≥-规则	如果数量约束 $(\geq nR) \in A(x)$，且 x 不存在 n 个关系为 R 结点 $y_1, \cdots, y_n$，且 $y_i \neq y_j (1 \leq i < j \leq n)$，使 $(x, y_i) \in R$，$(1 \leq i \leq n)$，则新增 n 个结点 $y_1, \cdots, y_n$，使 $A(x) = A(x) \cup R(x, y_i)$，其中 $1 \leq i \leq n$，且 $A(y_i) = C$，其中，$y_i \neq y_j (1 \leq i < j \leq n)$
≤-规则	如果数量约束 $(\leq nR) \in A(x)$，x 存在 $n+1$ 个 R-后继，即 $R(x, y_1), \cdots, R(x, y_{n+1}) \in A(x)$，对于某些不在集合 $A(x)$ 中的 y_i, $y_j \big| y_i \neq y_j$，$1 \leq i < j \leq n+1$，则这样成对 y_i, y_j，通过 y_j 代替 y_i 来获得新的集合，即 $A(x) = A(x) \cup A(y_j)$

表 4-2 所示扩展规则中，只有对存在约束的 $\exists R.C$ 以及 ≥ 数量约束 $\geq nR$ 概念进行扩展时，需要添加结点，相应地增加连接该结点的边。

（二）TDL$_{BR}$ 的 Tableau 算法性质

时态描述逻辑 TDL$_{BR}$ 的 Tableau 算法是可终止的（Terminating）、可靠的（Soundness）、完备的（Completeness）和可判定的（Decidability）。

1. 可终止性

TDL$_{BR}$ 的 Tableau 算法的可终止性是指通过该算法规则扩展的完整树是有界

限的，包括树的出度和深度两方面。

证明：因为①上述 Tableau 扩展算法中没有从完整树上删除结点，也没有从结点标注中删除概念，即树的结点并没有因为扩展规则而减少。②上述规则中⊓–、⊔–、∀–和@–扩展规则都没有增加新的结点，因而其树的出度不受影响，依然为 $|sub(C)|$；而对形如 $\exists R$ 和 $\geq nR$ 的概念进行扩展时才产生新的后继结点，但新增的结点总是有限的，即完整树的分支个数被概念 C 中存在约束以及数量约束的个数所限定，所以树的最大出度为子集中概念表达式的个数，即 $|sub(C)|$。③沿着完整树根据算法扩展的路径，结点标注内的概念个数是递减的，因此完整树的深度与输入概念 C 的表达式个数线性相关，即该完整树的深度最多为 $|sub(C)|$。

综合上述三个方面，可以得出通过 TDL$_{BR}$ 的 Tableau 算法规则扩展得到的树是有界限的，当不能再使用规则进行扩展时算法将停止，即保证了 TDL$_{BR}$ 的 Tableau 算法的可终止性。

2. 可靠性

如果对 TDL$_{BR}$ 的概念 C 应用其 Tableau 算法规则可以得到一棵完全的、无冲突的完整树，则概念 C 符合 TDL$_{BR}$ 的 Tableau 扩展规则形式，即算法是正确的。

证明：对于树 T 的根结点 $x_0(x_0 \in S)$，初始化时概念 $C \in A(x_0)$，因此存在个体 $s \in S$，使 $C \in A(s)$，而 TDL$_{BR}$ 的 Tableau 算法构造的是一棵完全的、无冲突的完整树，因此，其树的组成结点也符合 TDL$_{BR}$ 的 Tableau 扩展规则形式。

3. 完备性

如果概念 C 符合 TDL$_{BR}$ 表达式构造形式，则可根据其 Tableau 扩展规则产生概念 C 的一棵完全的、无冲突的完整树。

证明：由 TDL$_{BR}$ 的 Tableau 算法的可终止性得对概念 C 进行算法的扩展后必将得到一棵完全的完整树，如果完整树上存在冲突，则寻找完整树上的另外一个分支，或者结束算法，这样就可以保证产生的是一棵完全的完整树。因此，根据 Tableau 扩展规则，都可以使概念 C 产生一棵完全的完整树，即算法具有完备性。

4. 可判定性

TDL_{BR} 的 Tableau 算法是可判定的，当且仅当存在着一个有效的方法来决定任意的概念 C 是否被包含在算法中。

证明： 如前面定理一所证明 TDL_{BR} 概念的可满足性和包含关系是可以相互转化的。为了避免推理的循环，描述逻辑系统 ALCN 的推理规定对所有个体进行枚举，个体 x 可能只被枚举中出现在 x 前的个体 y 阻止，这样必然保证了推理算法的终止性，即 ALCN 的一致性问题是可判定的。而 TDL_{BR} 作为 ALCN 的子集，且根据 TDL_{BR} 的 Tableau 算法的可终止性、可靠性、完备性和可判定性等性质，该 Tableau 算法是有效的，即 TDL_{BR} 的 Tableau 算法具有可判定性。

（三）TDL_{BR} 的 Tableau 算法复杂度

Tableau 算法的复杂度与概念描述的表达式个数成指数及关系，如前述 Tableau 算法的性质，概念 C 的可以根据 Tableau 的扩展规则得到一棵完全的完整树 T，该树的最大深度为 $|sub(C)|$，完整树 T 是一棵满二叉树，因此树上的结点数为 $2^{|sub(C)|}-1$，由此可见，算法的复杂度是指数级别的。然而，可以通过算法的优化使算法只需要多项式空间，优化思路是：在扩展完整树时，以深度优先遍历来逐一处理各个分支。在运用上述 TDL_{BR} 的 Tableau 算法时，尽可能先运用 ⊔ -、⊓ -和@ -规则，检查是否存在形如 $\{C, \neg C\} \subseteq A(x)$、$\{C(t), \neg C(t)\} \subseteq A(x)$ 和 $\bot(x)$ 的冲突；然后运用 ∃ -和 ≥n -规则产生后续结点；运用 ≤n -规则产生后续结点的标注，检查是否存在冲突。而 Savitch 已于 1970 年证明了 PSPACE=NPSPACE[71]，因此，即使存在不确定性选择的 ⊔ -规则，其复杂度的描述依然为多项式空间复杂 PSPACE。

1. TDL_{BR} 的概念可满足性问题是 PSPACE 完全

由于给定完整树 T 中个体的后续结点可以被逐一处理，因此，TDL_{BR} 的 Tableau 算法只需存储生成的完整树的一条路径，而其最长的路径中概念表达式的个数最多为 $|sub(C)|$，即最多占用 $|sub(C)|$ 个存储单元，因此，多项式存储空

间保证了 TDL$_{BR}$ 概念的可满足性问题是 PSPACE 完全的。

2. TDL$_{BR}$ 的推理问题是 EXPTIME——完全

线性时态描述逻辑 ALC-LTL 是描述逻辑与线性时态逻辑的集合，已被 Baader 于 2008 年证明了其可满足性推理问题是 EXPTIME（指数时间）——完全的[47]，而 TDL$_{BR}$ 在描述逻辑的基础上添加了时刻算子以及概念同一性约束，因为是基于时刻的时态算子，可以看作是线性时态算子的子集，因此，TDL$_{BR}$ 也是 ALC-LTL 的子集，并未增加计算的复杂度，因此 TDL$_{BR}$ 的可满足性推理问题是 EXPTIME——完全。

五、时态描述逻辑 TDL$_{BR}$ 的推理过程

知识库由术语集以及实例集组成，而实例集是术语的实例化。前述内容已证明，对知识库的推理可以转化为概念的可满足性问题的判断。Tableau 算法是基于对知识库中概念的可满足性的判断，而通过对概念的可满足性判断可以推理出概念式子是否成立，从而实现对由显性知识的概念以及关系组合的隐性知识的推理。下面以人和孩子的概念及关系对该方法进行说明。

假设在人和孩子的知识库中有关概念形式化为：$\{person，Male，hasChild\}$，其中，$Person$、$Male$ 分别表示人和男性概念，$hasChild$ 表示有小孩的关系。上述时态描述逻辑 TDL$_{BR}$ 中允许概念的逆，因此 $\neg Male$ 也为知识库中的概念。

假设存在以下概念 $(\forall hasChild.Male) \sqcap (\exists hasChild.\neg Male)$，根据上述的 Tableau 扩展规则检测其可满足性，其过程如下：

（1）初始化树为 $((\forall hasChild.Male) \sqcap (\exists hasChild.\neg Male))(x)$；

（2）运用 $\sqcap$-规则扩展得到两个式子：$(\forall hasChild.Male)(x)$、$(\exists hasChild.\neg Male)(x)$；

（3）分别运用 $\exists$-和 $\forall$-规则扩展上述两个式子：

$\exists$-规则：$hasChild(x，y)$、$\neg Male(y)$；

∀ - 规则：$Male(y)$。

至此，出现两个冲突概念 ¬ $Male(y)$ 和 $Male(y)$，即该概念不可满足，推理存在冲突。

上述例子描述了运用时态描述逻辑 TDL_{BR} 的 Tableau 算法对知识库进行推理的主要过程，即在对知识库中概念以及关系形式化的基础上，通过表 4-2 的扩展规则构造完整树，如果在构造树的过程中出现冲突概念，则说明概念的推理不成立，否则推理成立。利用上述时态描述逻辑形式化以及 Tableau 推理算法可以对领域概念及其关系的可满足性判断，从而实现知识的推理。详细的 XBRL 财务元数据形式化以及推理实例见本书第五章和第八章的验证。

六、本章小结

本章首先分析了描述逻辑在时态知识表达方面的研究进展，结合 XBRL 财务数据的时态特征，提出了适合其形式化表示的时态描述逻辑 TDL_{BR}，给出其相应的语法和语义解释，指出了 TDL_{BR} 的推理任务和性质；其次根据 TDL_{BR} 的构造算子构造扩展规则，根据扩展规则建立相应的 Tableau 算法，并证明了算法的可终止性、可靠性、完备性和可判定性，u 算法的复杂度为多项式空间复杂 PSPACE 完全，时间复杂度为 EXPTIME——完全；最后引入例子说明了基于时态描述逻辑 TDL_{BR} 进行知识推理的过程。

第五章 基于 TDL$_{BR}$ 的 XBRL 元数据形式化与链接库优化

    XBRL 中含有大量的元数据，用于描述商业事实的背景参数，具有明确的语义。前章在理论上构建了适合 XBRL 时态数据语义表达的时态描述逻辑 TDL$_{BR}$，并证明其推理的可判定性。本章将研究基于 TDL$_{BR}$ 的 XBRL 财务元数据语义形式化的具体实现方法以及 XBRL 财务元素关系表达的优化方法。

    XBRL 是基于 XML 格式的，本身具有 XML 的良结构。García 等提出了将 XBRL 转化为 RDF 格式，以实现形式化表达和数据的连接[72]，但是没有对现行分类标准中链接库的关系表达进行优化。王东提出了 XBRL 的语义元模型[11]，并应用描述逻辑来对其进行形式化表达，但该研究只是针对单个 XBRL 的财务数据语义表达，而且没有考虑 XBRL 的时态特征，也没有对 XBRL 财务元素语义表达的链接库进行优化。本章首先将对 XBRL 元模型中元类的关系表达进行图形化表达，并以时态描述逻辑 TDL$_{BR}$ 对 XBRL 的财务元数据进行形式化表示。其次分析 XBRL 分类标准中五大链接库关系描述的重复性、必要性和替代性，对链接库的关系表达进行优化。最后通过我国财政部发布的通用分类标准中的利润表元数据进行优化前后的形式化表示比较，以验证该优化方法的有效性。

一、XBRL 财务元数据的 TDL$_{BR}$ 形式化

    由于 XBRL 分类标准的可扩展特点，XBRL 财务元数据具有明显的分布式异

构的特点，为了加强 XBRL 元数据的可比性，更好地表示 XBRL 技术规范的元数据语义，XBRL 国际组织于 2011 年发布了 XBRL 抽象模型 1.0，并于 2012 年修订并发布其最新版的 XBRL 抽象元模型 2.0，该元模型以概念及建模方式展示了 XBRL 技术规范中元模型的抽象表达，可以方便技术和非技术人员对于 XBRL 的认识，以便开发出相应的应用和接口程序[73]。下面将在抽象元模型的基础上，研究 XBRL 财务元数据的元类以及元数据的语义的图形表达方法，并对其进行基于 TDL$_{BR}$ 的形式化表示。

（一）XBRL 元模型结构

元模型是关于模型的模型，用于描述特定领域中构成模型的元数据结构和语义，为了解决产品数据的一致性和企业信息的共享，国际对象管理组织（OMG）提出了元建模的四层体系结构 MOF（Meta Model Facility）[74]，该结构元建模的抽象分层体系结构，根据模型的抽象程度从低到高分为 4 个部分：M$_0$ 信息层，是现实世界的对象数据层；M$_1$ 模型层，由元数据组成，用于描述数据以及数据的结构等信息，是信息层的抽象，信息则是具体模型的实例；M$_2$ 元模型层，是模型层的抽象，用于描述模型层中的元数据的结构和语义；M$_3$ 元—元模型层，是元模型层的抽象，用于描述元—元数据的结构和语义。具体如图 5-1 所示。

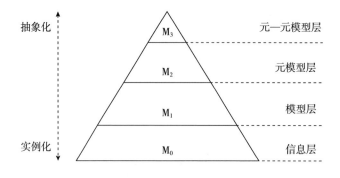

图 5-1　MOF 元模型体系结构

在 XBRL 体系结构中，技术规范作为纲领性文件，用于规定分类标准和实例文档的结构及其语义；分类标准文件则描述了 XBRL 财务数据的定义及其关系，实例文档则是企业汇报商业事实的元素，XBRL 分类标准和实例文档组合构成了技术规范的实例；实例文档中商业事实的具体取值则组成了企业的 XBRL 财务信息。由此可见，XBRL 元数据是元模型的实例化，而 XBRL 抽象模型则展示了 XBRL 分类标准概念模型与代表商业事实的实例文档之间的关系，具体如图 5-2 所示。

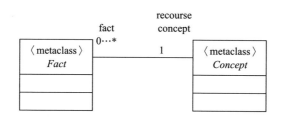

图 5-2　XBRL 概念与事实的元类关系

上述 XBRL 模型结构表明，在 XBRL 系统中，通过对概念模型中概念以及概念关系的实例化来表示企业中的商业事实，因此，模型中的 *Concept* 是 XBRL 体系中分类标准的抽象，而 *Fact* 则是 XBRL 实例文档中商业事实的抽象。图 5-2 展示了 *Fact* 与 *Concept* 之间的 $n:1$ 关联关系，其中，*Fact* 是商业事实的元类，*Concept* 则为概念模型的元类，表示一个商业事实对应于一个的概念资源元类，而 1 个概念资源元类可以与有多个商业事实关联，被多个商业事实引用。

描述逻辑的知识体系中，TDL_{BR} 的知识库由术语集 TBox 和实例集 ABox 组成，根据元数据体系的四层架构，XBRL 元模型对应于术语集 TBox，可将其形式化为 TBox 中的概念及关系的定义，而将作为元模型实例的元数据形式化为 ABox。

在 XBRL 模型结构中，元数据的语义表达是在元模型的基础上延伸而来的，是元模型中元类的实例，因此 XBRL 在描述逻辑 TDL_{BR} 中的知识表示对应地分为 XBRL 元模型中的元类以及元类的实例化元数据的形式化两部分。

（二）XBRL 元类的 TDL$_{BR}$ 形式化

元类的形式化包括对元类定义的形式化以及元类之间关系的形式化，通过对 XBRL 抽象模型的分析，XBRL 元模型中元类间的关系包括继承、聚合和一般关联关系。

1. 元类

XBRL 中的元类包括元类名称以及元类的属性（包括一般属性和时态属性），用于描述一类对象属性的集合。因此，相应地可以用 TDL$_{BR}$ 的概念 C 来表示一个 XBRL 元类。

由于元类 C 的一个类型为 C' 的属性 a 将 C 的每个实例关联到 C' 的实例，因此属性 a 可以认为是 C 的实例与 C' 的实例之间的二元关系，所以可以将属性 a 形式化为一个 TDL$_{BR}$ 关系，该关系可以通过如下公理来表示：$C \subseteq \forall [1](a \rightarrow (2:C'))$，表示任意的一方通过属性 a 关联到另一方的对象都是 C'。

其中，元类可根据其时态属性分为时态元类和非时态元类。

2. 元类间的继承关系

XBRL 中的继承关系指元类之间的继承关系，可以通过 TDL$_{BR}$ 中概念的继承关系（子集：$\subseteq$）来描述。如继承关系：$C_1 \subseteq C_2$，表示概念 C_1 继承 C_2 的属性以及与 C_2 相关的关系。如 XBRL 抽象模型中 *Concept* 是 StructuredConcept 和 ItemConcept 的泛化，形式化为：

StructuredConcept，ItemConcept $\subseteq$ *Concept*

3. 元类间的聚合关系

XBRL 中的聚合关系用于表达元类之间的整体和部分的关系，且聚合关系的名称是唯一的。聚合关系形式化为：如果元类 C_1 通过聚合关系 R_{Ag} 聚合了 C_2，C_1 端的基数为 m_1，…，m_2，C_2 端的基数为 n_1，…，n_2，表示聚合的数量关系。因此将聚合关系 R_{Ag} 形式化为 TDL$_{BR}$ 的角色 R_{Ag}，具体如下：

$$R_{Ag} \subseteq (1: C_1) \sqcap (2: C_2)$$

$$C_1 \subseteq (\geqslant n_1[1]R_{Ag}) \sqcap (\leqslant n_2[1]R_{Ag})$$

$$C_2 \subseteq (\geqslant m_1[2]R_{Ag}) \sqcap (\leqslant m_2[2]R_{Ag})$$

其中，第二个式子表明对于 C_1 的每个实例有至少 n_1 个至多 n_2 个 C_2 的实例通过聚合关系 R_{Ag} 与之相关。聚合中的包含类和被包含类之间的区别并没有丢失，这里约定角色的第 1 部分是包含类，则图 5-3 中的聚合关系被形式化为 ($Concept$ 端的基数 $0\cdots^*$ 和 ConceptContainer 端的 1)

$$R_{Ag} \subseteq (1: ConceptContainer) \sqcap (2: Concept)$$

$$ConceptContainer \subseteq (\geqslant 0[2]R_{Ag})$$

$$Concept \subseteq (=1[2]R_{Ag})$$

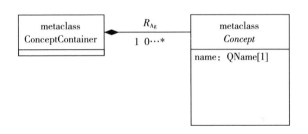

图 5-3 XBRL 抽象模型中元类的聚合关系

4. 元类间的一般关联关系

XBRL 元模型中的一般关联关系表示元类与元类之间存在着 m 对 n 的关系 （m、n≥0，当 m，n 同时为 0 时，表示元类之间不存在关联关系），为了通过 TDL_{BR} 形式化这种关系，这里引入概念 R_{As} （表示一般关联关系）和两个角色 r_1、r_2，角色 r_1、r_2 分别以概念 R_{As} 为 1 端、2 端为对应的存在多重关系的概念（对应为 XBRL 抽象元模型中的元类），将一般关联关系 R_{As} 形式化为：

$$R_{As} \subseteq \exists[1]r_1 \sqcap \forall[1](r_1 \rightarrow (2: C_1)) \sqcap \exists[1]r_2 \sqcap \forall[1](r_2 \rightarrow (2: C_2))$$

加上同一性约束：$(id\ R_{As}[1]r_1, [1]r_2)$，表示一般关联关系 R_{As} 可以同名。

分别与 R_{As} 构成角色 r_1、r_2 的概念 C_1、C_2 表示如下：

$$C_1 \subseteq (\geqslant 0[2](r_1 \sqcap (1: R_{As}))) \sqcap (\leqslant m[2](r_1 \sqcap (1: R_{As})))$$

$$C_2 \subseteq (\geqslant 0[2](r_2 \sqcap (1: R_{As}))) \sqcap (\leqslant n[2](r_2 \sqcap (1: R_{As})))$$

如图 5-4 所示的关系表明一个 Reference 元类与 0 或 0 个以上的 ReferencePart 元类对应，即两者存在 1：n 的关联关系，可将这种关系形式化为：

$$R_{As} \subseteq \exists[1]r_1 \sqcap (=1[1]r_1) \sqcap (r_1 \rightarrow (2: \text{Reference})) \sqcap \exists[1]r_2 \sqcap \forall[1](r_2 \rightarrow (2: \text{ReferencePart}))$$

$$\text{Reference} \subseteq (\geqslant 0[2](r_1 \sqcap (1: R_{As})))$$

$$\text{ReferencePart} \subseteq (=1[2](r_2 \sqcap (1: R_{As})))$$

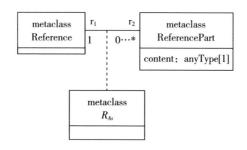

图 5-4　XBRL 元类之间的一般关联关系

R_{As} 是一般关联关系的概念，其每个实例表示相应关联的一个不同的元组，通过为 r_1、r_2 添加数量约束，可以形式化关联关系的多重性。

（三）XBRL 元数据的 TDL$_{BR}$ 形式化

XBRL 中的元数据是元模型中相应元类的实例，元数据之间的关系则为元类之间相应关联的实例，因此可以把 XBRL 元数据转化为 TDL$_{BR}$ 的实例集 ABox。相应地，XBRL 元数据的形式化分为以下四种情况：

（1）若元数据中的元素 c 是元模型中元类 C 的实例，则可形式化为：$C(c)$ 或 c：C，本文将采用 $C(c)$ 形式。

（2）元数据的继承关系可以看作是元类子集的实例，因此也是元类的实例，即可用上述第一种方式来形式化。

（3）若元数据中的元素 c_1 与 c_2 存在聚合关系，相应的元类 C_1 通过聚合关系 R_{Ag} 与元类 C_2 相关联，则可形式化为：$R_{Ag}(<c_1, c_2>)$。

（4）若元数据中的元素 c_1 与 c_2 存在关联关系，相应的元类 C_1 通过关联关系与元类 C_2 相关联，而这种关联关系可被形式化为概念 R_{As} 和角色 r_1、r_2，则 c_1 与 c_2 之间的关联关系可形式化为：$R_{As}(a)$，$r_1(<a, c_1>)$，$r_2(<a, c_2>)$。

二、XBRL 元素关系的形式化表达优化

如本书第三章所述，XBRL 的体系结构中分类标准是表达 XBRL 财务报告语义的核心，而 XBRL 分类标准由 XML 模式文件以及链接库文件组成。

其中，模式文件以元素定义的形式出现并定义了对其他可发现分类集模式文件的引入关系，在模式文件中，概念被赋予一个具体的名字和一种类型，该类型根据概念定义来界定事实标准中允许的数据类型。

链接库是指扩展的链接的集合。XBRL 分类标准中通过五大扩展链接库来进一步表达概念内部的关系以及概念和文档之间的关联关系，而这些扩展链接是可选的，在形式化时选择的链接库文件越多，所能表示的关系越多，XBRL 财务报告的语义也越丰富。然而，链接库中基本元素关系的描述数据量非常大，如在我国财政部颁布的 XBRL 通用分类标准中，核心模式文件描述的基本元素包括 2845 个，链接库中对这些元素关系的描述也呈线性递增，若对所有的关系都通过描述逻辑形式化出来，其推理规则数也相当庞大，而链接库主要采取 XLink 技术来表示元素间的关系，过多的链接跳转可能会导致推理的不可判定性。因此应该选择合适的链接库进行形式化表示，在能保证逻辑语义表达力的同时，也要考虑复杂度，保证推理的可判定性。

可以通过链接库描述的关系入手，分析关系的描述是否为表达财务报告事实所必须的。在此，我们区分 XBRL 链接库的关系为必要关系和可替代关系两种。具体的步骤如下：首先，分析 XBRL 财务报告分类标准核心元素在财务报表中所表示的关系；其次，分析哪些关系是必要的，哪些在形式化表示中是可代替的；

最后，选择相应的链接库进行形式化表示，并判断其推理规则数的优化程度，对比分析链接库选取前后的推理效率。

（一）XBRL 的扩展链接关系

XBRL 分类标准中主要由五种扩展链接库来说明概念，分别是定义链接库、计算连接库、列报链接库、标签链接库以及参考链接库，具体作用如下：

（1）定义链接库：用于描述元素间不同类型的层次结构以及为元素定义新的链接关系，主要包括四种基本的关系类型：一般—特殊关系、原名—别名关系、必须—元素关系、相似—元组关系。

其中，一般—特殊关系，表示一般与特殊的种属关系，是指一个元素项是另一个元素项的抽象，或者一个元素项涵盖了另一元素项，如资产与流动资产。

原名—别名关系，是指两个元素项在本质上指的是同一个概念，如资产与实收资本。

必须—元素关系，也称跟随出现关系，是指一个元素项的出现依赖于另一个元素项，这种关系主要用于对信息披露的监管。如当某企业在资产负债表中填写了生物资产的金额，那么就必须填写生物资产的有关附注。没有附注内容的报告在验证时将不予通过。这就需要在定义链接库中定义生物资产元素与生物资产附注元素的"必须—元素关系"。

相似—元组关系，是指两套项目组合在结构上相似，用于描述概念间的相似关系。

上述定义关系中，一般—特殊关系代表了财务元素之间的整体和部分的继承、泛化关系，是定义财务元素之间关系的关键，因此，根据上面的划分原则，这是形式化表达的必要关系。

（2）计算链接库：用于定义模式文件中各元素之间的线性计算关系。这是反映财务事实的核心，因此也被划分为必要关系。

（3）列报链接库：用于储存模式文件中元素间的信息，构建商业报表中各元素之间的列报层级关系，使计算机软件能将代码以财务报告列报的形式展示出来。这是生成财务报表的列报依据，因此，也被认为是必要关系。

（4）标签链接库：用于对模式文件中的元素定义个性化的标签，以支持不同语言的业务数据呈现。

（5）参考链接库：用于描述元素对权威文献的参考关系，帮助了解元素的具体含义。这是财务元素含义的权威说明，是财务元数据语义形式化表达的必要关系。

上述的五种扩展链接库中，定义、计算、列报三种扩展链接类型用于管理分类元素之间的关系，标签、参考扩展链接则表达了概念和文档注释间的关系，用于描述财务元素的具体概念定义。

（二）XBRL 扩展链接库的优化

XBRL 链接库是可选的，如何选择合适的链接库，既能保证表达力，又能提高推理效率，是 XBRL 财务元数据形式化需要研究的课题。下面将从 XBRL 链接库中对财务元素关系的描述展开分析，研究关系的必要性和可替代性，在此基础上进行链接库的优化选取。

XBRL 通用分类标准中，对元素的关系描述通过链接库文件中"定位器"（Locator）的 xlink：href 属性来指定元素的来源，而元素与元素之间的关系则通过"弧"（Arc）的 xlink：from、xlink：to 属性来指定，其中 from 属性指向的是整体的元素，to 属性指向的是部分的元素，而整体部分的关系在列报链接库。具体的关系元类如图 5-5 所示。

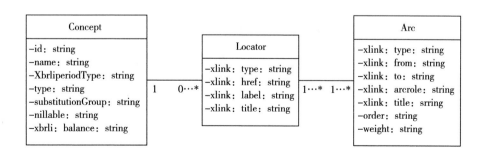

图 5-5　XBRL 分类标准中基本元素的关系元类

其中，Concept 元类与 Locator 元类是一般关联关系，Concept 端基数为 1，Locator 端基数为 0⋯*，表示存在 1 个 Concept 对应 0 个或以上的 Locator；Locator 元类与 Arc 元类是一般关联关系，Locator 端基数为 1⋯2，Arc 端基数为 1⋯*，表示 1 个 Arc 对应 1 到 2 个 Locator。

XBRL 分类标准中基本元素是固定的，都来自于核心模式文件，关系的描述主要在五个链接库中。在三大财务报表的定义、展示和计算链接库的关系描述中，可以发现对元素的描述有重复，下面以个别利润表中的营业利润（OperatingProfits）与营业收入（OperatingRevenue）、营业成本（OperatingCost）等元素在链接库中的描述为例进行说明，该元素在财务报告中的关系如图 5-6 所示，即营业利润=营业收入-营业成本-营业税金及附加-⋯-资产减值损失+公允价值变动收益+投资收益（详细见个别利润表）。其中，元素左边的符号代表加/减关系，右边代表元素在利润表列报中的层级顺序。

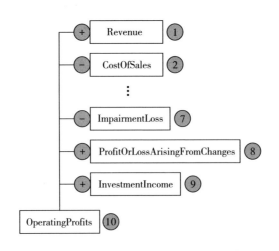

图 5-6　营业利润与营业收入等元素的关系

下面以营业利润各元素在链接库中的描述片段进行分析，分析发现，定义链接库、列报链接库与计算链接库对 locator 的描述相同，具体如图 5-7 所示。

```
<link:loc xlink:title="OperatingProfits" xlink:href="../../cas_core_2010-09-
    30.xsd#cas_OperatingProfits" xlink:type="locator" xlink:label="OperatingProfits"/>

<link:loc xlink:title="Revenue" xlink:href="http://xbrl.iasb.org/taxonomy/2010-04-30/ifrs_cor_2010-
    04-30.xsd#ifrs_Revenue" xlink:type="locator" xlink:label="Revenue"/>
```

图 5-7　营业利润与营业收入的 locator 属性在定义、列报、计算链接库中的描述

定义链接库、列报链接库、计算链接库对流动资产与货币资金的 arc 描述分别如图 5-8、图 5-9、图 5-10 所示。

```
<link:definitionArc xlink:title="definition: IncomeStatementLineItems to OperatingProfits"
    xlink:type="arc" order="10.0" use="optional" xlink:to="OperatingProfits"
    xlink:from="IncomeStatementLineItems"
    xlink:arcrole="http://xbrl.org/int/dim/arcrole/domain-member"/>

<link:calculationArc xlink:title="calculation: OperatingProfits to Revenue" xlink:type="arc"
    weight="1.0" order="1.0" use="optional" xlink:to="Revenue" xlink:from="OperatingProfits"
    xlink:arcrole="http://www.xbrl.org/2003/arcrole/summation-item"/>
```

图 5-8　营业利润与营业收入的 arc 属性在定义链接库中的描述

```
<link:presentationArc xlink:title="presentation: IncomeStatementLineItems to OperatingProfits"
    xlink:type="arc" order="10.0" use="optional" xlink:to="OperatingProfits"
    xlink:from="IncomeStatementLineItems"
    xlink:arcrole="http://www.xbrl.org/2003/arcrole/parent-child"/>
```

图 5-9　营业利润与营业收入的 arc 属性在列报链接库中的描述

```
<link:calculationArc xlink:title="calculation: OperatingProfits to Revenue" xlink:type="arc"
    weight="1.0" order="1.0" use="optional" xlink:to="Revenue" xlink:from="OperatingProfits"
    xlink:arcrole="http://www.xbrl.org/2003/arcrole/summation-item"/>
```

图 5-10　营业利润与营业收入的 arc 属性在计算链接库中的描述

上述三个链接库对营业利润与营业收入元素的关系弧的描述中，定义链接库与列报链接库除了弧的名称以及描述的关系类型不一样外，其他属性如 xlink：from、xlink：to、order 的值都是相同的，因此可以选取其中之一来形式化表示，另外一个链接库则可通过映射机制获取其表达。本书选择列报链接库为必选项，因为列报链接库可以表示报表的列报层级关系，而其中的 parent-child 关系可以转化为定义链接库的整体—部分、一般—特殊关系。计算链接库主要描述的是元素之间的线性计算关系，通过 weight 的属性来指定元素间的加（1.0）减

（-1.0）的关系，这是表示财务事实的关键，也是其他链接库所不能转化或替代的，因此，计算链接库也是必选的。

综上所述，在进行 XBRL 财务元数据形式化表示时，考虑语义的表达能力以及系统推理的可判定性、效率性，本文选取定义链接库的一般—特殊关系、列报链接库层级列报关系和计算链接库来描述 XBRL 财务报表标记元数据的关系，而每个链接库中都通过定位器 Locator 链接元素的来源，来描述元素的概念，因此，对概念的形式化可只选择链接库其中之一的定位器属性，而关系的形式化则应选择定义链接库的一般—特殊关系，以及列报链接库和计算链接库的弧 Arc。

（三）链接库选取后的 XBRL 推理效率分析

描述逻辑是一阶谓词逻辑的一个可判定的子集，描述逻辑的推理任务主要是判断概念的可满足性。对于一个 TDL_{BR} 概念 C 其可满足性是判断是否能找到一个解释 $I=(\Delta^I, \Delta^T, \cdot^I, \cdot^T)$，使解释空间 C^I 不为空，即 $C^I \neq \varnothing$。如果能找到则说明在解释 I 下概念 C 是可满足的，否则概念 C 是不可满足的。如前所述，描述逻辑的可满足性、等价性和不相交的推理可以转化成包含关系的描述，因此描述逻辑的一致性问题可以规约到概念的包含关系的判断。

从前述 TDL_{BR} 的 Tableau 算法构造完整树的过程可以看出，通过构造算子扩展的树的深度越大，则算法的复杂度也随之增加，而树的深度会影响算法的复杂度，对于 XBRL 分类标准，作为 TBox 的集合，其术语的元素个数直接影响到遍历的效率。而通过对链接库的选取优化可以减少重复描述的概念定义，替代某些关系的描述，从而大大减少需要形式化的概念的关系数，提高推理效率。

三、XBRL 财务元数据的 TDL_{BR} 形式化验证

如前所述，XBRL 元数据形式化表达需求包括 XBRL 分类标准元数据和实例文档元数据两部分，为了验证上述提出的 XBRL 财务元数据形式化方法以及链接

库选取优化的有效性，下面将选择能反映企业经营状况的利润表进行形式化研究，具体选择我国财政部发布的通用分类标准中财务报表列报 CAS30 中个别利润表［33005］。

个别利润表的元素及其层级列报结构如表 5-1 所示。

表 5-1　CAS 个别利润表的部分元素及其关系

元素名称	列报层级 （order）	计算关系 （weight）
利润表（Income Statement Line Items）		
一、营业收入（Operatiing Revenue）	1	1.0
减：营业成本（Operating Cost）	2	−1.0
营业税金及附加（Business Tax and Surcharge）	3	−1.0
销售费用（Distribution Costs）	4	−1.0
管理费用（Administrative Expenses）	5	−1.0
财务费用（Finance Costs）	6	−1.0
资产减值损失（Impairment Loss）	7	−1.0
加：公允价值变动净收益（Profit or Loss Arising from Changes in Fair Value）	8	1.0
投资净收益（Investment Income）	9	1.0
二、营业利润（Operating Profits）	10	1.0
⋮		

我国财政部发布的通用分类标准中，对个别利润表的元素的描述分布在以下文件中：

核心模式文件 cas_core_2010-09-30. xsd；

标签链接库文件 lab_cas_cn_2010-09-30. xml、lab_cas_en_2010-09-30_role-330005. xml；

定义链接库文件 def_cas_30_2010-09-30_role-330005. xml；

列报链接库文件 pre_cas_30_2010-09-30_role-330005. xml；

计算链接库文件 cal_cas_30_2010-09-30_role-330005. xml；

参考标签链接库文件 ref_cas_30_2010-09-30_role-330005. xml。

其中，核心模式文件和标签链接库文件是通用分类标准公用的，而其他链接库文件则放在专门用于描述财务报表的 cas_30_2010-09-30 文件夹中。

下面将根据第四章的 XBRL 元数据形式化理论，对上述利润表分类标准进行形式化表示。

（一）财务元素的形式化

如前所述，XBRL 元素的定义通过 Locator 元素来实现，而 Locator 通过 Concept 元素来实现对模式文件中基本元素的属性定义，根据 TDL_{BR} 的形式化原理，对利润表的元数据形式化如下：

1. 模式文件的元数据形式化

利润表列报事项元素（Income Statement Line Items），是维度化表格的列报事项，这是抽象元素，该类元素在财务报告中没有实际内容，只是为了满足列报效果需要，但对展示元素间的层级列报关系有重要意义，其形式化如下：

Concept（IncomeStatementLineItems），

id（cas_IncomeStatementLineItems），

type（xbrli：stringItemType），

xbrli：periodType（duration），

substitutionGroup（xbrli：item）

nillable（true），

abstract（true）；

营业收入（Operating Revenue）：

Concept（OperatingRevenue），

id（cas_OperatingRevenue），

type（xbrli：monetaryItemType），

xbrli：balance（credit），

xbrli：periodType（duration），

substitutionGroup（xbrli：item）

nillable（true），

abstract（false）；

营业成本（Operating Cost）：

Concept（OperatingCost），

id（cas_OperatingCost），

type（xbrli：monetaryItemType），

xbrli：balance（debit），

xbrli：periodType（duration），

substitutionGroup（xbrli：item）

nillable（true），

abstract（false）；

……（其他个别利润表中的元素基本属性形式化同理，在此不再赘述。）

营业利润（OperatingProfits）：

Concept（OperatingProfits），

id（cas_OperatingProfits），

type（xbrli：monetaryItemType），

xbrli：balance（credit），

xbrli：periodType（duration），

substitutionGroup（xbrli：item）

nillable（true），

abstract（false）。

2. 模式文件中元素概念及其属性的聚合关系形式化

利润表列报事项元素的属性聚合关系：

$R_{Ag(Concept-id)}$（<IncomeStatementLineItems，cas_IncomeStatementLineItems>），

$R_{Ag(Concept-type)}$（<IncomeStatementLineItems，xbrli：stringItemType>），

$R_{Ag(Concept-xbrli：periodType)}$（<IncomeStatementLineItems，duration>），

$R_{Ag(Concept-subsistutionGroup)}$（<IncomeStatementLineItems，xbrlr：item>），

$R_{Ag(Concept-nillable)}$（<IncomeStatementLineItems，true>），

$R_{Ag(Concept-abstract)}$（<IncomeStatementLineItems，true>）；

营业收入属性聚合关系：

$R_{Ag(Concept-id)}$（<OperatingRevenue，cas_OperatingRevenue>），

$R_{Ag(Concept-type)}$（<OperatingRevenue，xbrli:monetaryItemType>），

$R_{Ag(Concept-xbrli:balance)}$（<OperatingRevenue，credit>），

$R_{Ag(Concept-xbrli:periodType)}$（<OperatingRevenue，duration>），

$R_{Ag(Concept-subsistutionGroup)}$（<OperatingRevenue，xbrlr:item>），

$R_{Ag(Concept-nillable)}$（<OperatingRevenue，true>），

$R_{Ag(Concept-abstract)}$（<OperatingRevenue，false>）；

营业成本属性聚合关系：

$R_{Ag(Concept-id)}$（<OperatingCost，cas_OperatingCost>），

$R_{Ag(Concept-type)}$（<OperatingCost，xbrli:monetaryItemType>），

$R_{Ag(Concept-xbrli:balance)}$（<OperatingCost，debit>），

$R_{Ag(Concept-xbrli:periodType)}$（<OperatingCost，duration>），

$R_{Ag(Concept-subsistutionGroup)}$（<OperatingCost，xbrlr:item>），

$R_{Ag(Concept-nillable)}$（<OperatingCost，true>），

$R_{Ag(Concept-abstract)}$（<OperatingCost，false>）；

……（其他个别利润表中的元素属性的聚合关系形式化同理，在此不再赘述。）

营业利润属性聚合关系：

$R_{Ag(Concept-id)}$（<OperatingProfits，cas_OperatingProfits>），

$R_{Ag(Concept-type)}$（<OperatingProfits，xbrli:monetaryItemType>），

$R_{Ag(Concept-xbrli:balance)}$（<OperatingProfits，credit>），

$R_{Ag(Concept-xbrli:periodType)}$（<OperatingProfits，duration>），

$R_{Ag(Concept-subsistutionGroup)}$（<OperatingProfits，xbrlr:item>），

$R_{Ag(Concept-nillable)}$（<OperatingProfits，true>），

$R_{Ag(Concept-abstract)}$（<OperatingProfits，false>）。

（二）财务元素之间关系的形式化

财务元素的关系主要包括列报的层级关系和计算关系，下面针对链接库文件

中对利润表元素的这两种关系的描述进行形式化表示。

1. 层级关系

财务元素的层级关系可以通过父子类的继承关系来实现，表示父类和子类之间的上下级关系，因此对利润表财务元素的层级关系形式化可以通过继承关系来实现，具体如下：

OperatingRevenue ⊆ IncomeStatementLineItems，

OperatingCost ⊆ IncomeStatementLineItems，

BusinessTaxAndSurcharge ⊆ IncomeStatementLineItems，

DistributionCosts ⊆ IncomeStatementLineItems，

AdministrativeExpenses ⊆ IncomeStatementLineItems，

FinanceCosts ⊆ IncomeStatementLineItems，

ImpairmentLoss ⊆ IncomeStatementLineItems，

ProfitOrLossArisingFromChangesInFairValue ⊆ IncomeStatementLineItems，

InvestmentIncome ⊆ IncomeStatementLineItems，

OperatingProfits ⊆ IncomeStatementLineItems，

OperatingRevenue ∪ OperatingCost ∪ BusinessTaxAndSurcharge ∪ DistributionCosts ∪ AdministrativeExpenses ∪ FinanceCosts ∪ ImpairmentLoss ∪ ProfitOrLossArisingFrom-ChangesInFairValue ∪ InvestmentIncome ∪ OperatingProfits ⊆ IncomeStatementLineItems

上面的形式化表达式表明利润表中部分元素与利润表列报事项元素（Income Statement Line Items）之间的继承关系，可以展示利润表中元素的层级关系，最后一个式子表示：利润表列报事项由这些元素共同组成。

2. 计算关系

XBRL 分类标准中计算链接库表达了财务元素之间的线性加减计算关系，对于复杂的计算关系可以通过公式链接库来实现，而本书关注的利润表只涉及加减计算关系，因此，只考虑计算链接库的形式化。对于计算链接库的线性关系而线性的加减可以通过包含关系来实现，而财务报表中的元素归纳为借—贷（credit-debit）关系，为了表示元素之间的计算关系，可以通过借贷相等的关系来获得，即属于借关系的元素集合与属于贷关系的元素集合。

这里引入符号 R_c、R_d 分别表示借、贷关系（属性），则 $R_c \cdot C_1$、$R_d \cdot C_2$ 分别表示具有借、贷属性的概念 C_1 和 C_2。上述利润表元素中，展示了营业收入与营业成本等元素之间的线性计算关系，根据计算链接库中对元素计算权重 weight 的设置，其关系可表达为前所述的：营业利润＝营业收入-营业成本-营业税金及附加-销售费用-管理费用-财务费用-资产减值损失+公允价值变动收益+投资收益，整理得：营业利润＝（营业收入+公允价值变动收益+投资收益）-（营业税金及附加+销售费用+管理费用+财务费用+资产减值损失），因此，该借贷关系可以形式化表示如下：

$$R_c \cdot \text{OperatingProfits} = (R_c \cdot \text{OperatingRevenue} \cup R_c \cdot \text{ProfitOrLossArisingFrom}$$
$$\text{ChangesInFairValue} \cup R_c \cdot \text{InvestmentIncome}) \cap$$
$$(R_d \cdot \text{OperatingCost} \cup R_d \cdot \text{BusinessTaxAndSurcharge} \cup$$
$$R_d \cdot \text{DistributionCosts} \cup R_d \cdot \text{AdministrativeExpenses} \cup$$
$$R_d \cdot \text{FinanceCosts} \cup R_d \cdot \text{ImpairmentLoss})$$

上式通过引入借贷关系 R_c、R_d 对 XBRL 财务元素的借贷关系进行说明与描述逻辑的形式化，现实中这个关系的引入还需要进行概念元素之间的算术运算，对于描述逻辑而言，需要将皮亚诺自然数公理系统进行形式化才能表达[11]，因此，考虑采用开发外部程序的方法来实现元素的算术运算更具有可行性。

（三）结果分析

笔者统计上述个别利润表的 11 个元素中，核心文件、定义链接、列报链接、计算链接、参考链接以及中英文两个标签链接对该元素的描述共包括 110 个，关系个数为 59，对应的形式化表达式个数应为 458，而经过链接库选取优化后的形式化表达式个数为 198，减少了 260 条重复描述，而随着财务元素的增加，其优化效果更明显，因此认为，该优化方法能显著降低推理规则数，提高效率。对于财务元素形式化并优化后的有效性将在第八章中的一致性检验实证里得到进一步的验证。

四、本章小结

　　本章首先根据 XBRL 技术规范对元数据的描述，探讨将其图形化的方法，并以时态描述逻辑 TDL$_{BR}$ 为形式化工具对其元类、元数据及其关系进行形式化表示。其次分析分类标准中对关系描述的链接库文件的语义表达，发现链接库文件的关系描述中有严重的重复性，针描述的重复性以及 XBRL 财务报告报送的需求，详细分析链接库关系表达的必要性和可替代性，对链接库文件中财务元数据的形式化规则进行精简与优化。最后通过我国财政部发布的通用分类标准 CAS 中个别利润表中表示元素概念的定义、元素属性以及元素之间的一般—特殊、层级、计算关系进行基于 TDL$_{BR}$ 的形式化表示，结果表明经过优化后的处理，能大大降低推理的规则数，提高推理效率。

第六章　XBRL 财务报告的版本管理

XBRL 的一致性控制包括版本变化的信息记录与管理，本章将研究基于语义的 XBRL 版本管理，从逻辑形式化的角度来研究对 XBRL 版本的结构化管理。版本是记录特定对象各个可选状态的快照，版本管理的任务就是对对象的历史演变过程进行记录和维护[75]，根据实际应用背景选择合适的版本间的拓扑结构，并至少应包括以下功能：新版本的生成；统一、协调管理各个版本；有效记录不同版本的演变过程及对不同版本进行有效管理，以尽可能少的数据冗余记录各版本；同时要保证不同版本在逻辑上的一致性和相对独立性。

XBRL 财务报告的时态属性与可扩展特性，决定了分类标准的动态可变性。自从 XBRL 诞生以来，20 多个国家和地区都已发布了自己的分类标准。随着时间的推移，必然产生了分类标准变化的版本管理需求，如国际会计标准委员会发布的 IFRS 分类标准是目前公认的 XBRL 国际通用分类标准，从 2002 年至今已经发布了 14 个版本。为了规范 XBRL 的版本管理工作，XBRL 国际组织制定了 XBRL 版本规范 1.0[76]，指明了版本管理报告的主要内容，规范了 XBRL 版本变更的工作。然而，目前对 XBRL 版本管理的研究较少，仅有 Javier Mora Gonzálbez[77] 和 Ding Wang 等[78] 针对 XBRL 的版本管理报告，提出了 XBRL 版本管理的系统设计框架。而软件开发方面，国外已经开发有相应的版本管理软件，如 Arelle 工作组从事的开源版本管理工具 Arelle[79]，但该系统功能还比较简单，只能提供两个不同版本分类标准的比较以及 XBRL 格式版本报告的生成功能，不能生成其他如 Excel 等可读性较高的版本报告，而国内还没见有相应的应用程序产品[78]。本章将结合我国的 XBRL 版本管理规范，研究基于语义的 XBRL 版本管理的结构化表示方法，以及自动生成 XBRL 版本管理报告的方法。

一、XBRL 分类标准的版本管理

　　XBRL 是用于企业财务信息发布的最新技术，其核心是依据各国、地区、行业的标准而制作的分类标准。而行业标准的设计、应用过程是不断变化的，企业可以根据自身情况，如对错误的更正、会计准则的变化、分类标准技术设计的变化等对分类标准进行定期的更新，不同时期的分类标准可以看作是其在各个阶段的不同设计版本。因此，不能简单地对原有的分类标准进行修改，而必须把分类标准在各个阶段变化的元数据以版本变化的形式保存起来，以方便使用者可以追踪之前版本的分类标准，进行比较、分析。因此，提出了 XBRL 分类标准版本管理的要求。

　　从软件工程的角度看，系统的生命周期包括系统分析、系统设计、系统实施、系统维护与评价五个阶段。其中，版本管理属于系统维护阶段的工作。软件工程中的版本管理主要包括[80]：①版本信息的建立和维护，即记录和维护版本有关的信息，如版本报告的创建者、生成日期等。②版本的操作，如版本的建立、提交、审核、删除、复制、版本的数据引用和发布等。③版本的权限设置，包括版本操作的权限规则设置，以保证版本的安全性。其中，版本的操作是版本管理的核心环节。XBRL 的版本管理相应地是 XBRL 分类标准工程的系统维护阶段的内容，因此与这阶段有类似的管理需求。

　　为了规范 XBRL 分类标准的版本管理，有效地管理和使用分类标准变化的信息，XBRL 国际组织发布了版本规范 1.0。该规范以 XBRL 版本管理报告的形式，规定 XBRL 版本管理的结构化描述，以满足 XBRL 使用者对版本管理的要求。而根据 XBRL 版本规范 1.0 的定义，XBRL 的版本管理主要是指分类标准的版本管理。本书设计的元数据库 Metabase 具有元数据版本管理的基本功能，如记录、修改和查询元数据的版本号、版本日志、操作者等，但该元数据库是针对通用的元数据版本管理，对于 XBRL 的版本管理有其特性，需要对其版本管理的需求进行分析。

　　本书研究的 XBRL 分类标准版本管理主要是针对 XBRL 版本管理规范，如何实现对版本管理报告的管理。因此，下面将根据 XBRL 版本报告的语法和语义的结构化描述，研究版本管理报告自动生成与比较分析的方法。

二、XBRL 版本管理报告

　　XBRL 版本管理报告有异于简单的差异报告，通过事件、行动、任务的层次组合描述，实现对版本变化的动因解释，从而对版本变化的原因以及结果作详细的记录。XBRL 版本管理报告与分类标准模式文件、链接库文件以及实例文档一同由企业或组织发布。

　　XBRL 版本管理报告是用于以一种结构化的格式记录关于两个分类标准版本之间的变动信息[81]，包括模式文件的链接、模式文件中概念以及概念的属性、链接库文件中元素的链接关系，即可发现分类集 DTS 的变化。可发现分类集 DTS 是制定 XBRL 商业报告时，发布有关商业事实而被引用到的模式文件和链接库文件的集合。DTS 可以表示不同分类标准之间的链接、扩展方式，而 XBRL 版本报告主要是对可发现分类集 DTS 变化的说明，是对 DTS 变动相关信息报告内容的规范化描述，使 DTS 使用者以更少的时间调整应用程序以适应新版本的 DTS。

　　XBRL 的 DTS 变动主要分为技术差异和语义差异两种[64]。技术差异是指，通过比较待观察的一对信息项的属性，软件可以自动发现的差异。语义差异是指，版本管理报告作者对技术差异的解释。解释是无限的，因此，在给定的两个 DTS 和 DTS 间的信息项匹配规则下，技术差异集是唯一的，而语义差异集是无限的。语义差异包含了技术差异以及使用者对其的解释性文档，对于使用者将应用程序从以前的版本向下一个版本迁移，提供了有用的信息。图 6-1 展示了版本管理报告信息的不同层级。

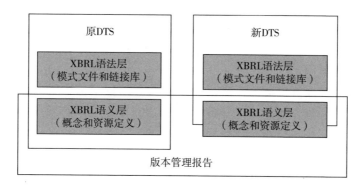

图 6-1 XBRL 版本管理报告的信息层级

如在命名空间 http：//ns 的分类标准模式文件 SchemaA. XSD 中定义了概念 A 和 B，在列报链接库中引用 http：//www. xbrl. org/2003/role 中的 parent－child 关系弧来链接这两个概念，用以表示 A 是 B 父级概念。在同样的命名空间 http：//ns 中定义的分类标准模式文件 SchemaB. XSD，该模式文件中定义了相同 的概念 A 和 B，而对于这两个概念使用两个 parent－child 关系弧来定义其关系， 其中一个将 B 定义为 A 的父级概念，另一个则禁止了上述关系并设定了另一个 关系将 A 定义为 B 的父级概念。

尽管上述两个模式文件 SchemaA. XSD 和 SchemaB. XSD 在语法上完全不同， 但两者都定义了相同的概念和含义相同的概念间关系，对于上述两个 DTS 来说， 其表示的信息集是相同的，因此认为这两个 DTS 等效。

XBRL 版本管理报告是关于两个 DTS 之间的转换信息，描述如何从版本较低 或者发布时间较早的可发现分类集转换到版本较高的或者发布时间较晚的可发现 分类集。而 XBRL 版本的变化主要是指元素以及元素属性的变化，具体包括概念 的删除、添加、重命名以及概念的详细属性、标签、参考文件内容的变化等。 XBRL 版本管理报告以 XML 格式发布，因此，可以通过对版本管理报告的结构进 行分析，为实现结构化的 XBRL 版本管理提供技术支撑手段。

（一）XBRL 版本管理报告的结构

XBRL 分类标准版本的变化主要是指对于 XBRL 版本管理可以通过两个前后

版本所描述的元素的参考链接来判断是否为同一个概念，然后通过元素在新、旧版本中是否存在来判断该元素是进行了添加、删除还是修改的操作，相应地形成XBRL 版本管理报告。

XBRL 版本管理报告由变化前后的两个版本的可发现分类集 DTS 的说明组成，包括 From-DTS 标识符、To-DTS 标识符以及任务、行为和事件。

其中，From-DTS 是版本较低或者发布时间较早的可发现分类集的标识，是版本管理报告中的比较基准，To-DTS 是版本较高或者发布时间较晚的可发现分类集的标识，是版本管理报告中的目标。From-DTS 标识符通过<ver:fromDTS>元素来表示，To-DTS 标识符通过<ver:toDTS>元素来表示，分别用于标识前后两个版本的 DTS。

事件是 XBRL 版本迁移的基础，版本管理报告通过事件的方式来记录可发现分类集版本的变化，事件是指 From-DTS 和 To-DTS 之间的一个独立的变化[64]，若干个事件组成的逻辑变化称为行为，任务则是若干个行为的时序组合所形成的业务级的变化。

分类标准记录的是商业元素及其关系的 XML 文档，对于这些元素的迁移问题主要是元素的添加、修改和删除操作，其中，修改操作可以通过旧版本 DTS 的元素删除操作以及新版本 DTS 的添加操作来代替。因此，版本管理报告中的基本事件是模式文件中概念和概念相关属性以及链接库文件中链接关系的添加、删除操作。

（二）XBRL 版本管理报告的语义与语法解释

XBRL 发布的信息总是随着企业的经营不断变化，因此，XBRL 国际组织也对其版本管理制定了基于 XML 格式的规范。一份 XBRL 版本管理报告主要由以下元素组成：

1. 版本管理报告元素

版本管理报告元素用于说明企业编制的 XBRL 分类标准变化事项的起止，报告中用<ver:report>元素来表示，详细的属性和说明如表 6-1 所示。

表 6-1　**<ver:report>元素的 XML 表示**

<ver:report

Id=xs:ID>

Content：link:linkbaseRef*，ver:reportRef*，ver:fromDTS，ver:toDTS，ver:assignments*，ver:action*

</ver:report>

属性	含义
{related reports}	通过<ver:report>元素的<ver:reportRef>子元素来标识版本管理报告的集合
{from-DTS}	由<ver:report>元素的<ver:fromDTS>子元素来表示的 From-DTS 标识符
{to-DTS}	由<ver:report>元素的<ver:toDTS>子元素来表示的 To-DTS 标识符
{assignments}	由<ver:report>元素的<ver:assignment>子元素来表示的任务的集合
{actions}	由<ver:report>元素的<ver:action>子元素来表示的行为的集合
{events}	由<ver:report>元素的<ver:event>子元素来表示的事件的集合

2. 事件

事件是分类标准集 From-DTS 与 To-DTS 之间的个别差异，用以描述变化前后对 DTS 的基本操作。XBRL 版本管理报告中事件由<ver:event>元素表示，具体事件包括添加和删除操作。

3. 行为

行为由一组相关事件组成，用于表达分类标准的改变，通过对 DTS 组件的增加、删除操作的组合来实现基本的功能，如修改行为可以通过 From-DTS 中的删除和对 To-DTS 组件中相应内容的增加两个事件的集合来实现。

行为在 XBRL 版本管理报告中，以<ver:action>元素来表示，表 6-2 展示了<ver:action>的元素结构。

表 6-2　**<ver:action>元素的 XML 表示**

<ver:action

Id=xs:ID>

Content：ver:actionRef*，ver:event*

</ver:action>

<ver：actionRef

ref＝xs：IDREF>

Content. none

</ver：actionRef>

属性	含义
｛assignments｝	由<ver：action>元素中若干个<ver：actionRef>子元素的 ref 属性标识来表示任务的集合
｛events｝	由<ver：report>元素中若干个<ver：event>子元素来表示的事件的集合

4. 任务

XBRL 版本管理报告中，通过<ver：assignment>元素来表示任务，任务是一系列相关行为的集合，详细语法如表 6-3 所示。

表 6-3　<ver：assignment>元素的 XML 表示

<ver：assignment

Id＝xs：ID

Content. ver：category*

</ver：assignment>

属性	含义
｛categories｝	任务类别集，通过<ver：category>元素为<ver：assignment>元素的子元素来表示任务的类别集合
｛actions｝	记录任务相关的行为集

上述的版本管理报告的组成是基于 XML 的层级嵌套语法，通过对这些元素的分解，可以把 XBRL 版本的变化进行结构化描述。

三、基于语义的 XBRL 分类标准版本管理

XBRL 分类标准的版本管理是一种动态行为，随着时间的推移而不断变化，这种变化又会影响 XBRL 实例文档的内容。XBRL 版本管理报告是基于 XML 文档

格式，用于说明分类标准的变化，然而，版本的管理不应该仅仅包括变化的说明，我们设计的版本管理具体包括版本的基本信息维护、查询、版本管理报告的自动生成功能。

1. 版本信息的维护

版本信息的维护主要是用于记录版本变更有关的信息，包括版本号；版本变更的操作者，这个根据版本管理时的系统登录来进行身份的确认；版本变更的日志，可以实现变更原因说明等功能；版本状态，是提交状态还是审批通过状态等。由于 XBRL 版本管理主要是针对分类标准的版本变化，而分类标准变化归根为分类标准中元数据的变化，因此，XBRL 版本信息的维护主要是针对分类标准中的元数据版本变化而展开。

2. 版本信息的查询

XBRL 的版本信息查询主要是提供用户查询当前 XBRL 分类标准元数据的版本以及其变更情况，方便用户作比较分析。

上述的版本信息维护和查询功能是版本管理的基本功能，对于 XBRL 版本管理来说，这两方面的功能主要通过分类标准元数据变动的记录来实现。对此，本课题组开发的通用元数据存储库 Metabase 有提供相应的功能，其工作界面如图 6-2 所示。

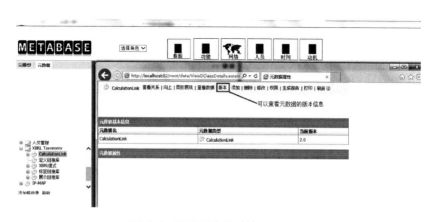

图 6-2　元数据存储系统 Metabase

Metabase 元数据管理系统提供元数据存储以及编辑等功能，其中，还提供了版本管理的模块，包括对元数据变更的版本信息查询以及维护的功能，如记录元数据变更的时间、操作者、版本号、版本日志等。其修改界面如图 6-3 所示。通过对版本信息的查询，XBRL 使用者可以了解分类标准元数据变化的情况。

图 6-3 Metabase 的元数据版本管理界面

3. 版本管理报告的生成

XBRL 版本规范 1.0 规定了 XBRL 的版本管理主要是以版本管理报告的形式展示 XBRL 分类标准的变化，而且版本报告需要与分类标准以及实例文档一同报送，因此，版本管理报告的自动生成将是 XBRL 版本管理的基础。

由于 XBRL 的版本管理是针对同一组织的分类标准的不同版本问题，因此，可以通过前面的语义分析，以描述逻辑 TDL_{BR} 作为形式化的逻辑基础，对两个版本的分类标准进行语义检测，根据 XBRL 版本管理要求生成相应的 XML 格式版本管理报告。而不同版本的分类标准结构具有同质性，为两者的结构化比较分析提供可能性与便利性。

本书根据分类标准文件及其元数据的语义关系，设计开发相应的程序模块实现两个版本的分类标准的自动比较并生成版本管理报告，具体的处理流程如图 6-4 所示。

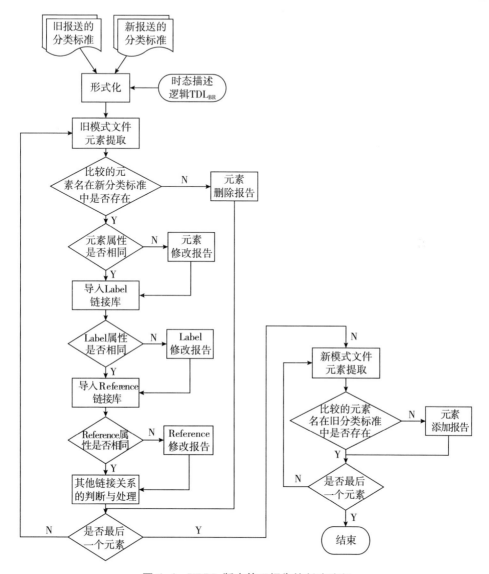

图 6-4　XBRL 版本管理报告的创建流程

上述版本管理报告的创建流程中，主要包括元素概念的判断以及元素关系的判断两大部分。总体思路是先判断两个分类标准中元素的概念是否发生变化，然后判断与该元素相关的关系描述。其中，概念的判断主要通过模式文件的元素和标签 Label、参考 Reference 属性来实现；关系的判断则通过定义、列表和计算三个链接库的比较实现。

首先，导入企业先后报送的两个分类标准文件，以描述逻辑 TDL$_{BR}$ 对其进行形式化表达，在此基础上提取模式文件中的元素进行比较分析。这个阶段将导入先发布的分类标准的模式文件，提取模式文件中每个元素及其属性，判断在后发布的分类标准中是否存在该元素，如果不存在该元素名，则作出元素删除的报告；如果存在，则继续判断属性是否相同，如果属性不相同，则作出元素属性修改的报告；如果元素名称与属性都一致，则进一步分析其标签是否改变修改报告，如果不一致，则作出标签修改的报告；否则继续判断参考链接的 URL 地址是否一致，若不一致，则作参考修改报告；若一直则说明该元素定义是相同的，需要进一步判断元素的关系。通过引入定义、计算和列报链接库，按上述的过程进行一一比较，如果关系描述一致，则说明元素没有变化，否则记录不一致的地方，并产生相应的报告项目。其次，如此循环直到就分类标准文件元素加载并判断完毕，然后从新的分类标准中提取元素，判断旧分类标准中是否存在该元素，如果存在，则跳到下一个元素，如果不存在，则说明该元素是新加的，需要作元素添加报告，执行循环直到新分类标准加载并判断完毕。这时候汇总各项不一致的内容，生成 XBRL 版本管理报告。

四、本章小结

本章首先分析了 XBRL 版本管理规范的主要内容，剖析了 XBRL 版本管理报告的组成，以及 XBRL 版本管理报告中演化前后的两个可发现分类集 DTS 的 XML 语法和语义解释，提出了基于语义的 XBRL 版本管理内容。其次，通过现有的元数据存储库 Metabase 实现版本信息的存储与更新等管理功能，设计了版本管理报告自动创建的流程，该框架以时态描述逻辑 TDL$_{BR}$ 为 XBRL 分类标准版本管理的语义形式化工具，通过对分类标准变化的语义表达与判断实现版本变化信息的记录，并最终生成 XBRL 版本管理报告，为 XBRL 版本管理问题提供了结构化的描述和管理方法。

第七章　XBRL 财务报告的共享与集成

　　目前已有 20 多个国家和地区制定并发布了分类标准，由于 XBRL 的可扩展特点，各地 XBRL 财务报告遵循的会计准则不同，分类标准有所差别，而即使遵循相同的会计准则也可以根据各行业进行扩展。如我国财政部的 CAS 国家通用分类标准、深圳证券交易所的 SZSE 分类标准和上海证券交易所 SHSE 分类标准，是遵循同一版本的企业会计准则，但分别适用于工商、保险、证券公司和基金等行业，因而 XBRL 分类标准具有明显的概念定义多义性，从而导致了相应的XBRL 实例文档存在歧义。多义的分类标准及其扩展，阻碍了 XBRL 财务信息的共享与集成，因此，如何保障 XBRL 财务信息的可比性，提高多个组织之间的XBRL 的共享与集成对于加快 XBRL 的全球推广具有重要的意义。

　　本书将从描述逻辑的角度，研究多个组织之间的 XBRL 元数据的语义表达与推理问题。目前对描述逻辑的分布式扩展研究较少，只有国外的 Borgida、Serafini和 Tamilin 提出了分布式描述逻辑 DDL，通过桥概念实现分布式 DL 系统的映射，国内的蒋运承等学者在 Borgida 的基础上针对动作的描述，提出了分布式动态描述逻辑 D3L，这些研究无疑为描述逻辑的分布式扩展提供了很好的思路[49-52]。然而分布式系统的映射规则与具体的领域相关，上述研究均未在有关领域得到验证，对多个组织之间的 XBRL 系统的特点及其交互操作还鲜有研究。本章将在借鉴上述研究的基础上，结合 XBRL 财务元素概念定义的多义性特点，研究多个组织之间的 XBRL 数据集成模型的建立以及基于时态描述逻辑的多个组织之间的XBRL 的映射规则的形式化方法，并进行相应的推理算法构建与证明。

一、多个组织之间的 XBRL 的集成模型

XBRL 是一个全球性的标准化体系，为了使 XBRL 实例文档完全反映纸质报告所有内容，XBRL 技术规范规定 XBRL 分类标准具有可扩展性，使用者可以根据当地行业的实际情况，对分类标准进行自定义与扩展，然而这种可扩展性也导致了概念定义的多义性，降低了多个组织之间的 XBRL 数据的可比性，因而，XBRL 财务数据目前在涉及多个组织之间的数据共享与集成性较差。

要使分布在全球各地的 XBRL 财务信息能够实现集成、共享、自动组合、分析等高层次的智能化应用，首先需要解决的是多个组织之间的 XBRL 系统（尤其是各个分类标准）之间的映射问题，本书借鉴 Borgida 等提出的分布式描述逻辑中的包含桥规则概念，建立如图 7-1 所示的基于描述逻辑包含桥规则的多个组织之间的 XBRL 数据集成模型。

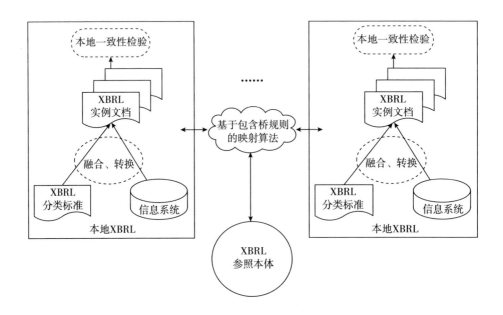

图 7-1　多个组织之间的 XBRL 集成模型

上述模型表明，根据本地指定的分类标准，企业从自身的信息系统中进行数据的抽取、融合，转化为同一组织的 XBRL 实例文档，经过一致性检验，保证同一组织的 XBRL 数据的正确性。然后通过对 XBRL 分类标准以及实例文档中的元数据及其关系的桥规则映射，实现多个组织之间的 XBRL 信息的共享与集成。本章重点关注多个组织的 XBRL 财务数据映射问题，因此，上述模型主要解决 XBRL 参照本体的构建和多个组织之间的 XBRL 分类标准映射两方面的问题。

（一）构建 XBRL 参照本体

由于 XBRL 技术体系具有高度的标准化，各国也致力于分类标准的国际化与标准化的工作，因此，建立用于映射参照的 XBRL 本体具有可行性。研究可以通过国际行业标准，建立相应的通用分类标准，多个组织的 XBRL 分类标准可在通用分类标准的基础上进行扩展与异构映射，在一定程度上解决多个组织之间 XBRL 数据的可比性，从而实现 XBRL 数据之间的交互。

参照本体必须具有高度的标准化和公众认可度，目前，国际上公认的最有影响力的会计准则主要包括美国财务会计准则委员会（FASB）发布的公认会计准则（GAAP）和国际会计准则委员会（IABS）发布的会计准则（IAS）。其中，GAAP 主要是针对美国国内的经济活动来制定的，而 IASB 则是致力于制定全球通用的会计准则，因此，IAS 更具有成为交互模型中的参照本体的可能。目前，国际会计准则理事会（IASB）的监督机构国际财务报告准则（IFRS）基金会已于 2011 年完成扩展全部 IFRS 相关的 XBRL 分类标准，这套基于国际通用会计准则的分类标准可以作为模型中的参照 XBRL 本体。

（二）多个组织之间的 XBRL 映射

在保证同一组织的 XBRL 财务元数据一致性的基础上，通过一定的映射算法实现异地本体与参照本体之间的映射，达到异地 XBRL 财务数据的可比与交互操作。针对 XBRL 分类标准的多义性问题，李吉梅等（2012）研究了我国财政部、上海证交所和深圳证交所发布的三套 XBRL 分类标准的异构表现，将我国三套异构 XBRL 分类标准的异构类型分为结构异构和语义异构[40]。本书研究基于语义的 XBRL 财务元数据的一致性问题，因此，重点关注多个组织之间的 XBRL 分类标准的语义歧义与映射问题。

语义异构是指元素概念所表达的语义冲突[40]，即语义歧义的问题。XBRL 财务报告中，元素以及元素之间的关系主要通过模式文件以及链接库文件来获得。其中，对元素概念的语义描述通过模式文件中概念属性以及参考链接来实现。因此，本书考虑的概念语义映射主要从这两方面展开分析，概念的描述中主要通过 id、name 属性来标识，这是同一组织的 XBRL 核心模式文件中的定义，此外，还需要通过参考链接中的 xlink：label 和 xlink：href 属性值来判断元素的参考来源是否一致，如果来源一致则说明为同一概念。

下面以我国财政部和国际会计标准委员会发布的分类标准（CAS 和 IFRS）在元素概念的描述展开分析比较。

CAS 模式文件中对利润表中营业收入（OperatingRevenue）财务元素的属性描述如下：

<xsd：element xbrli：periodType = " **duration**" nillable = " **true**" abstract = " **false**" substitutionGroup = " **xbrli：item**" type = " **xbrli：monetaryItemType**" id = " **cas_OperatingRevenue**" name = " **OperatingRevenue**" xbrli：balance = " **credit**"/>

参考链接的描述如下：

<link：loc xlink：title = " **OperatingRevenue**" xlink：type = " **locator**" xlink：label = " **OperatingRevenue**" xlink：href = " **http：//xbrl. iasb. org/taxonomy/2010 - 04 - 30/ ifrs-cor 2010 - 04 - 30. xsd#ifrs_Revenue**"/>

IFRS 对营业收入（Revenue）的属性以及参考链接的描述如下：

<xsd：element xbrli：periodType = " **duration**" type = " **xbrli：monetaryItemType**" substitutionGroup = " **xbrli：item**" nillable = " **true**" name = " **Revenue**" info：creationID = " **i200806241028413500**" id = " **ifrs_Revenue**" xbrli：balance = " **credit**"/>

<link：loc xlink：type = " **locator**" xlink：href = " **.. /.. /ifrs - cor_2010 - 02 - 15_ ed. xsd#ifrs_Revenue**" xlink：label = " **loc_65**"/>

上述描述中，虽然两者的标签（label）不同，但参考链接的 URL 路径 xlink：href 却是相同的，因此，认为两者是语义相同的。

根据上述的语义表达规则，可以建立各地分类标准与 IFRS 分类标准之间的语义检测规则，这些将成为交互模型中各个 XBRL 与参照 XBRL 交互的基础。文本将从模型的角度，研究描述逻辑的语义映射问题，具体将引入 Borgida 等提出来的包含桥概念对时态描述逻辑 TDL_{BR} 进行分布式扩展，来对映射规则进行形式化表达，在此基础上构建分布式映射规则库。

二、XBRL 的描述逻辑分布式扩展

针对 XBRL 元数据的分布式特点，本章将对时态描述逻辑 TDL_{BR} 的进行扩展，提出了一种支持概念同一性约束的分布式时态描述逻辑 $DTDL_{BR}$，并分析其推理算法，为多个组织之间的 XBRL 元数据的语义形式化和推理提供逻辑基础。

（一）分布式描述逻辑 $DTDL_{BR}$

具体来说，TDL_{BRi}，TDL_{BRj}，…，TDL_{BRn} 是时态描述逻辑系统，每个时态描述逻辑系统用于表示本地的 XBRL 知识及其推理机制，则 $DTDL_{BR}$ 是研究多个分布式时态描述逻辑系统的知识表示和推理的系统。$DTDL_{BR}$ 系统包括三个基本组成部分：多个本地的时态描述逻辑 TDL_{BRi}（其中，$i = 1$，2，…，n，表示单个时态描述逻辑在整个分布式时态描述逻辑系统中的序号）；分布式知识库 KBox，包括分布式 TBox 和分布式 ABox；分布式 TBox 和 ABox 的推理机制。

（二）$DTDL_{BR}$ 的基本语法

对于多个组织之间的 XBRL 模型中，为了实现两个或者以上的 XBRL 商业报告之间的交互和融合，需要解决单个 XBRL 之间的映射问题。由于描述逻辑中的各种关系可以转化为基本的包含关系，因此，这里引入包含的概念作为多个组织之间的 XBRL 的映射规则。具体定义如下：

定义 1：概念包含（Concept Subsumption）设 C、D 分别是时态描述逻辑 TDL_{BRi}、TDL_{BRj} 的概念（包括一般概念与时态概念），则从 i 到 $j(i \neq j)$ 的概念包含定义如下：

（1）$i: C \xrightarrow{\subseteq} j: D$，称为概念前项包含 into—桥规则 $CIBR$。

（2）$i: C \xrightarrow{\supseteq} j: D$，称为概念后项包含 onto—桥规则 $COBR$。

定义 2：角色包含（Role Subsumption rules）设 R、S 分别是时态描述逻辑 TDL_{BRi}、TDL_{BRj} 的角色，则从 i 到 j 的角色包含定义如下：

（1）$i: R \xrightarrow{\subseteq} j: S$，称为角色前项包含 into—桥规则 $RIBR$。

（2）$i: R \xrightarrow{\supseteq} j: S$，称为角色后项包含 onto—桥规则 $ROBR$。

其中，包含桥规则 BR（into-/onto-）具有方向性[51,52]，即从 i 到 $j(i \neq j)$ 的桥规则 BR_{ij} 并不一定等于从 j 到 i 的 BR_{ji} 的逆。

定义 3：实例包含（Instance Subsumption）设 a 是时态描述逻辑 TDL_{BRi} 的实例，b，b_1，b_2，…是时态描述逻辑 TDL_{BRj} 的实例，则从 i 到 $j(i \neq j)$ 的实例包含有以下两种定义：

（1）$i: a \rightarrow j: b$，其中，$b \in \{b_1, b_2, \cdots\}$，称为部分实例包含规则 PIR，即实例 b 是与实例 a 有关的实例之一。

（2）$i: a \xrightarrow{=} j: \{b_1, b_2, \cdots\}$，称为完全实例包含规则 CIR，即 TDL_{BRi} 中的实例 a 和 TDL_{BRj} 中的实例集合 $\{b_1, b_2, \cdots\}$ 之间完全对等。

定义 4：分布式时态描述逻辑 $DTDL_{BR}$ 的知识库 $DKBox$ 由分布式术语集 $DTBox$ 和分布式实例集 $DABox$ 组成，即 $DKBox = \langle DTBox, DABox \rangle$。

定义 5：$DTBox \equiv \langle \{TBox_i\}_{i \in I}, BR \rangle$，其中，$I$ 是 $DTBox$ 中各 $TBox$ 的标号集合，$\{TBox_i\}_{i \in I}$ 是 TDL_{BR} 的 $TBox$ 集合，$BR = \{BR_{ij}\}$，表示从 i 到 $j(i \neq j)$ 的包含桥规则的集合。对任意的 $k \in I$，$TBox_k$ 中的所有描述必须符合 TDL_{BRk} 的规范，并且对于 BR_{ij} 中的任意概念包含桥规则 $CIBR$ 或者 $COBR$，任意关系包含桥规则 $RIBR$ 或者 $ROBR$，以及上述规则中所涉的概念 C、D，关系 R、S 必须分别符合 TDL_{BRi} 和 TDL_{BRj} 描述的规范。

定义 6：$DABox \equiv \langle \{ABox_i\}_{i \in I}, IR \rangle$，其中，$I$ 是 $DABox$ 中各 $ABox$ 的标号集

合，$\{ABox_i\}_{i\in I}$ 是 TDL_{BR} 的 $ABox$ 集合，$IR=\{IR_{ij}\}$，表示从 i 到 $j(i\neq j)$ 的实例包含规则的集合。对任意的 $k\in I$，$ABox_k$ 中的所有描述必须符合 TDL_{BRk} 的规范，并且对于 IR_{ij} 中的任意实例包含规则 PIR 或者 CIR，以及上述规则中所涉及的实例 a 和 b，b_1，b_2，…必须分别符合 TDL_{BRi} 和 TDL_{BRj} 描述的规范。

（三）DTDL$_{BR}$ 的语义解释

DTDL$_{BR}$ 是由多个时态描述逻辑 TDL$_{BR}$ 通过包含规则集合而成，因此 DTDL$_{BR}$ 的语义解释可以根据 TDL$_{BR}$ 和论域联结关系得出。

设符号 I_i 表示第 i 个 TDL$_{BR}$ 中的一个解释，解释 I_i 由表示解释领域的非空集合 Δ^{I_i}、解释函数 $\cdot^{I_i}$，即 $I_i=(\Delta^{I_i},\ \cdot^{I_i})$，通过解释函数的映射，使 TDL$_{BRi}$ 中的概念 $i: C$ 为解释领域集的子集 C^{I_i}，二元关系 $i: R$ 为 $\Delta^{I_i}\times\Delta^{I_i}$ 的子集 R^{T_i}。详细的 TDL$_{BR}$ 语义解释见本书第四章。

定义 7：为了说明 TDL$_{BRi}$、TDL$_{BRj}(i\neq j)$ 之间的解释关系，这里引入二元关系 $r_{ij}\subseteq\Delta^{I_i}\times\Delta^{I_j}$，$i\neq j\in I$，如 $r_{ij}(C^{I_i})$ 表示概念 $i: C$ 的解释与第 j 个 TDL$_{BRj}$ 中的概念之间的关系，则 DTDL$_{BR}$ 的分布式解释定义为：$DI\equiv\langle\{I_i\}_{i\in I},\ \{r_{ij}\}_{i,j\in I}\rangle$。

定义 8：一个分布式解释 $DI\equiv\langle\{I_i\}_{i\in I},\ \{r_{ij}\}_{i,j\in I}\rangle$ 的可满足性（记为 $DI\vDash_d$）是指在知识库中能找到解释，使其存在于分布式术语集或者实例集中，表现为以下六种形式：

（1）概念的可满足性：$DI\vDash_d i: C\xrightarrow{\Sigma} j: D$，如果对于 TDL$_{BRi}$ 中的解释关系 $r_{i,j}(C^{I_i})\Sigma D^{I_j}$ 成立，其中 $\Sigma=\{\subseteq,\ \supseteq\}$，$C^{I_i}$，$D^{I_j}\neq\varnothing$，则称分布式解释满足分布式 DTBox 中的概念，即概念 $i: C$ 到 $j: D$ 是可满足的。

（2）包含关系的可满足性：对于 TDL$_{BRi}$，如果知识库中的概念 C 包含于概念 D，每个分布式解释 DI 都满足 $C^{I_i}\subseteq D^{I_i}$，记为 $DI\vDash_d i: C\subseteq D$。

（3）术语集的可满足性：在分布式知识库中，如果分布式解释 $DI\vDash_d$ 满足每个术语集 TBox 的所有断言，记为 $DI\vDash_d TBox_i$，并且满足所有的桥规则解释，记为 $DI\vDash_d BR_{ij}$，$BR_{ij}\in BR$，则称对术语集可满足，记为 $DI\vDash_d TBox$。

（4）实例关系的可满足性：如果对于 TDL_{BRi} 中的解释关系 $b^{I_j} \in r_{i,j}(a^{I_i})$ 成立，则称实例个体 $i: a$ 部分包含 $j: b$ 是可满足的，记为 $DI \models_d i: a \longrightarrow j: b$；如果对于 TDL_{BRi} 中的解释关系 $r_{i,j}(a^{I_i}) = \{b_1^{I_j}, b_2^{I_j}, \cdots\}$ 成立，则称实例个体 $i: a$ 完全包含 $j: b = \{b_1, b_2, \cdots\}$ 是可满足的，记为 $DI \models_d i: a \overset{=}{\longrightarrow} j: \{b_1, b_2, \cdots\}$。

（5）实例集的可满足性：在分布式知识库中，如果分布式解释 $DI \models_d$ 满足每个实例集 ABox 的所有断言，即 $DI \models_d i: C(a)$、$DI \models_d i: P(a, b)$，则称 DI 对实例集 $ABox_i$ 可满足，记为 $DI \models_d ABox_i$，若 DI 且满足所有的实例个体 in 的解释，记为 $DI \models_d in$，$in \in IN$，则称 DI 对分布式实例集 $DABox$ 可满足，记为 $DI \models_d DABox$。

（6）知识库的可满足性：对于给定的知识库 $DKBox$，如果一个分布式解释 $DI \models_d$ 满足知识库 $DKBox$ 中的所有断言以及实例。则称 $DI \models_d$ 为知识库 $DKBox$ 的一个模型，并记为 $DI \models_d DKBox$。

三、多个组织之间的 XBRL 的推理任务

在上述的多个组织之间的 XBRL 交互系统中，$DTDL_{BR}$ 的推理问题可分为本地推理和全局推理两部分。其中，对于同一分类标准在不同时期的版本迁移导致的元数据时态特征表示与推理问题，属于同一组织的 XBRL 的一致性推理问题，本地推理的目标是能否找到本地解释 I_i 使 $I_i \models C \subseteq D$，因为在 ALC 语言中，$TDL_{BR}$ 上的推理问题都可以转化为可满足性的判断。而交互模型中同一组织的 XBRL 经过一致性检验之后的交互式推理问题则为全局推理。本章主要关注的是分布式 $DTDL_{BR}$ 的全局推理问题。多个组织之间的 XBRL 的交互模型中，各地 XBRL 通过包含桥规则进行交互，因此，对于分布式描述逻辑系统 $DTDL_{BR}$ 的全局推理问题是指能否通过包含桥规则，找到分布式解释 DI 使 $DI \models_d i: C \subseteq D$，即 $(C \sqcap \neg D)^{I_i} = \varnothing$ 成立。

Serafini 等[49] 于 2004 年提出了分布式描述逻辑 DDL 的推理算法 Tableaux，该算法对 TBox 的概念以及概念包含推理进行了说明，本书将借鉴该算法对分布

式 $DTDL_{BR}$ 的推理任务进行分析与证明。下面将从包括两个不同组织的 XBRL 的分布式推理问题进行证明，以此归纳出涉及多个 XBRL 的分布式全局推理问题。

这里假设两个同一组织的 XBRL 的术语集分别为 $TBox_1$ 和 $TBox_2$，并只包含从 $TBox_1$ 到 $TBox_2$ 的一个方向桥规则 BR_{12}，则分布式术语集 $DTBox = <TBox_1$，$TBox_2$，$BR_{12}>$，而本地 $TBox_1$ 具有包含公理 $C_1 \subseteq D_1$，$C_2 \subseteq D_2$，$TBox_2$ 不包含公理，则桥规则集 BR_{12} 包含以下规则：

$CIBR$ 规则：$1: D_1 \xrightarrow{\subseteq} 2: F_1$，$1: D_2 \xrightarrow{\subseteq} 2: F_2$；

$COBR$ 规则：$1: C_1 \xrightarrow{\supseteq} 2: E_1$，$1: C_2 \xrightarrow{\supseteq} 2: E_2$

下面证明对于分布式术语集 $DTBox$，可满足 $DI \vDash_d 2: (E_1 \cap E_2) \subseteq (F_1 \cap F_2)$，即对于任意的分布式解释 $DI = <I_1$，I_2，$r_{12}>$，满足 $(E_1 \cap E_2)^I \subseteq (F_1 \cap F_2)^I$。

证明：（1）假设分布式 $DKBox$ 中 $TBox_2$ 存在 $b \in \Delta^{I_2}$，使 $b \in (E_1 \cap E_2)^{I_2}$，但 $b \notin (F_1 \cap F_2)^{I_2}$；

（2）则有 $b \in E_1^{I_2}$，$b \in E_2^{I_2}$，并且 $b \notin F_1^{I_2}$ 或者 $b \notin F_2^{I_2}$；

（3）当 $b \notin F_1^{I_2}$ 成立时，由 $b \in E_1^{I_2}$ 以及上述的包含桥规则 $COBR$：$1: C_1 \xrightarrow{\supseteq} 2: E_1$，则 $TBox_1$ 中存在 $a \in \Delta^{I_1}$，使 $<a$，$b> \in r_{12}$，并且 $a \in E_1^{I_1}$；

（4）由于 $b \notin F_1^{I_1}$，通过上述的 $COBR$ 桥规则：$1: D_1 \xrightarrow{\subseteq} 2: F_1$，可以得到对于所有的 $a \in \Delta^{I_1}$，如果 $<a$，$b> \in r_{12}$，则 $a \notin D_1^{I_1}$；

（5）然而，因为 $TBox_1$ 具有包含公理 $C_1 \subseteq D_1$，所以有 $a \in D_1^{I_1}$，与上面的 $a \notin D_1^{I_1}$ 矛盾，同理，当 $b \notin F_2^{I_2}$ 成立时，得到 $a \in D_2^{I_1}$，与 $a \notin D_2^{I_1}$ 矛盾，因此，假设（1）不成立，即 $b \in (E_1 \cap E_2)^{I_2}$ 时，有 $b \in (F_1 \cap F_2)^{I_2}$，即 $(E_1 \cap E_2)^I \subseteq (F_1 \cap F_2)^I$ 成立，从而命题得证。

上述过程旨在证明通过包含桥规则，从术语集 $TBox_1$ 的概念包含关系推理出术语集 $TBox_2$ 的概念包含关系，这样的证明具有一般性，可以推广到涉及多个 $TBox$ 的分布式系统推理中。本书的多个 XBRL 的集成模型中，以参照 XBRL 本体作为映射的基础，因此，其他单个 XBRL 本体可以通过与参照本体的包含桥规则的两两映射，实现多个不同组织的 XBRL 本体之间的概念可满足性推理。

四、DTDL$_{BR}$ 的 Tableau 算法

（一）DTDL$_{BR}$ 的 Tableau 算法描述

本书根据分布式推理的特点，对传统的 Tableau 算法进行扩展，构建多个组织之间的 XBRL 语义一致性的 Tableau 推理算法。主要思路是：先建立本地的 Tableau 树，对于多个组织的 XBRL 元素之间的映射问题，检查是否能通过包含规则结束该本地 Tableau 树，如果不能结束，则说明分布式 Tableau 算法对概念是可满足的，否则是不可满足的。具体步骤设计如下：

起始输入：$A_0 = \{ C_0(x_0) \}$；

根结点：x_0；

结果：能否判断 $TBox_i \models i : C \sqsubseteq i : D$ 成立。

分布式 Tableau 树的建立过程：

（1）通过一般的 Tableau 算法建立本地的完整树 Tree，如果有冲突则结束，说明概念在本地是不可满足的，算法结束，否则进入步骤（2）。

（2）对于任意的 $j \in I$，$j \neq i$，判断 TDL$_{BRj}$ 与 TDL$_{BRi}$ 之间是否满足条件：①存在从 j 到 i 的 COBR 规则，将 TDL$_{BRi}$ 中的概念 C 包含到 TDL$_{BRj}$ 中的概念 E；②存在从 j 到 i 的 CIBR 规则，将 TDL$_{BRi}$ 中的概念 D 包含到 TDL$_{BRj}$ 中的概念 F；③转到步骤（3）。

（3）判断 TDL$_{BRj}$ 是否满足 $j : E \sqsubseteq j : F$，即 $TBox \models j : E \sqsubseteq j : F$。若成立，则结束，说明通过桥规则能结束一个本地的 Tableau 算法，即该概念是可满足的，否则转到步骤（4）。

（4）判断是否存在 $k \in I$，$k \neq j \neq i$，使满足步骤（2）中的条件，如果存在则转到步骤（2），否则该概念是不可满足的，算法结束。

（二）DTDL_{BR} 的 Tableau 算法性质

1. DTDL_{BR} 的推理性质

DTDL_{BR} 的推理任务分为本地推理和全局推理，本地 TDL_{BR} 的 Tableau 算法已在第四章证明具有可终止性、可靠性、完备性和可判定性，而由上述全局的 Tableau 算法的描述中，主要思路是检查桥规则是否能结束一个本地的 Tableau 算法，而桥规则是有限的，即通过桥规则判断概念的可满足性判断总是会结束的，因此算法是可终止的。

上述的算法主要是通过桥规则判断本地 Tableau 算法中概念的可满足性，因此算法是可靠的，即能正确判断概念包含公理 $i: C \sqsubseteq i: D$ 的可满足性问题。

通过前节所述的映射规则，研究不同本体与参照本体之间的映射规则，可以保证分布式 DTDL_{BR} 推理的有效性。

综上所述，分布式 DTDL_{BR} 是多个 TDLR_{BRi} 的集合，因此其扩展的分布式 Tableau 算法同样具备可靠性、可终止性、完备性等性质。

2. DTDL_{BR} 的推理复杂度

从上述的 Tableau 算法描述中，完整树并没有增加新的结点，因而概念的存储空间是 $\sum_{i=1, \cdots, n} |sub(C_i)|$，即多个本地 TDLR_{BR} 的存储空间之和，如前所述，Savitch 已证明 NPSPACE = PSPACE，因此，分布式 DTDL_{BR} 空间复杂度依然等于本地 TDLR_{BR} 的复杂度，即 DTDL_{BR} 的概念可满足性问题是多项式空间 PSPACE——完全。

五、本章小结

本章首先根据多个组织之间 XBRL 财务元素概念的多义性特点，构建了多个组织之间的 XBRL 的集成模型，该模型在保证单个 XBRL 元数据一致性的基础上，通过包含桥规则实现多个 XBRL 之间的映射与数据共享和集成。其次，研究对时态描述逻辑 TDL_{BR} 的分布式扩展，建立分布式时态描述逻辑 $DTDL_{BR}$ 来形式化多个组织之间的 XBRL 分类标准的映射规则，给出相应的语法和语义解释，并构建 $DTDL_{BR}$ 的 Tableau 推理算法，指出其推理任务包括局部推理和全局推理两个部分。最后，证明该 Tableau 推理算法的可终止性、可靠性与完备性，算法的推理复杂度是 PSPACE——完全。

第八章　XBRL 财务元数据的一致性检测实证分析

　　元数据一致性是文件系统可用性的最基本要求，只有元数据的描述一致才能保证数据编辑与使用的正确性。XBRL 的技术优势在于数据的实时性，而且数据来源唯一，只需一次输入，就可以多次利用，避免了过多的中间转换环节导致的错误，大大提高了数据的准确度和业务处理效率。但也正因为一次输入可多次复用，对 XBRL 文档数据的一致性要求显得尤为突出，只有解决了一致性描述与检测，才能为后续的自动化分析与智能挖掘提供支持，促进 XBRL 技术的应用与推广。针对 XBRL 的数据一致性问题，XBRL 美国地区组织（XBRL US）于 2005 年发布了 XBRL 一致性套件（XBRL Consistency Suite），为上市公司提供 XBRL 文件的一致性检测。但套件主要是检测 XBRL 文件与 XBRL 美国会计原则分类标准（XBRL GAAP Taxonomy）之间的不一致性[82]，并未从涉及多个组织的角度考虑 XBRL 财务元数据的语义不一致性问题。

　　为了检验 XBRL 财务元数据的一致性推理方法，本章将对 XBRL 财务报告中的分类标准和实例文档元数据的一致性检验问题从本地和分布式两个层面进行实证研究。首先，在本书第三章的基础上进一步分析 XBRL 分类标准和实例文档元数据的一致性检验的过程，明确其一致性检验的任务与相关技术。然后分别以我国财政部发布的 CAS 分类标准和深圳证券交易所发布的 FR 分类标准为例，进行本地和分布式元数据一致性验证。具体地，将开发 XBRL 分类标准和实例文档的数据转换程序模块，实现 XBRL 财务元数据的自动提取与存储，并以元数据存储库对 XBRL 元数据进行高效管理。在此基础上，为元数据存储库开发程序接口，实现 XBRL 分类标准元数据到 XBRL 分类标准本体的自动生成，并利用本体编辑软件 Protégé 的推理机对本地的单个本体关系进行一致性检验。最后，通过开发 Jena 推理机的推理规则，实现对多个组织之间的 XBRL 财务元素的概念与概念关系的语义一致性自动检测。

一、XBRL 的一致性检验

如第三章所述，本书所研究的一致性问题主要是指 XBRL 财务元数据的语义一致性，具体是指从 XBRL 文档中获取的语义信息并能产生完整而正确的元素关系推理，即 XBRL 财务元素的概念指称以及概念之间关系表达是否一致。XBRL 系统的一致性问题包括本地一致性和分布式一致性检测两部分，下面将对这两部分的一致性检验进行实证研究，以验证上述方法的正确性。

图 8-1 显示了在 XBRL 一致性检验系统中，对 XBRL 分类标准和实例文档的 XML 文件进行语法有效性和语义检验的处理流程。

如图 8-1 所示，XBRL 文档的一致性检验包括分类标准文件和实例文档两部分。具体处理如下：首先在通过技术规范、XML 文件格式等有效性指标对报送的分类标准文件和实例文档进行语法检验，确保组织所呈报的分类标准和实例文档在语法上的有效性和正确性。其次根据 XBRL 财务元数据的语义，通过形式化工具将其规约到规则库中。通过一致性检测规则对分类标准和实例文档的财务元数据进行一致性检验，若发现不一致则进行语义冲突消解，否则将进行数据的存储与 XBRL 报告的发布。

XBRL 财务数据的语义主要通过模式文件和五大链接库文件来表达，因此，本章将主要从上述文件的 XBRL 财务元数据的语义指称以及表达关系来检验 XBRL 财务元数据的语义一致性。

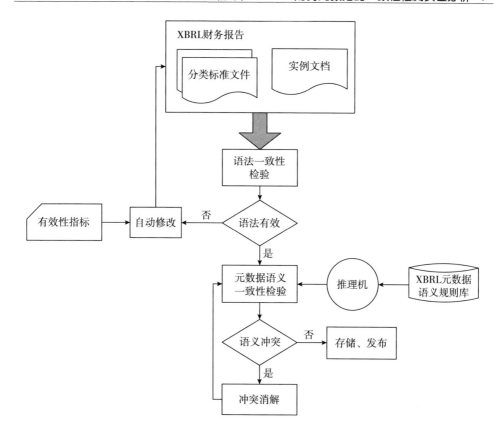

图 8-1　XBRL 文档的一致性检验流程

（一）分类标准元数据一致性检验

分类标准元数据的一致性检验主要是检测分类标准中的元素定义及元素之间的关系是否存在冲突。这部分检测分为模式文件和链接库文件检验两部分。

1. 模式文件一致性

模式文件（＊. xsd）用于定义在实例文档中用到的概念，对于财务报告来说则是对应的会计科目。模式文件中元素的名称是唯一的，模式文件的概念的类型包括数据项（Item）和元组（Tuple），数据项用于表达简单的财务信息，元组则用于表达包括嵌套关系的复杂财务信息。模式文件可以引用链接库来定义概念之间的关系，而模式文件对链接库的引用通过 linkbaseRef 元素来指定，或者直接将链接库嵌入到模式文件中。

模式文件是基于 XML 格式的，因此对模式文件的一致性检验主要是通过 XML 格式的元数据语义进行检验，图 8-2 是我国财政部发布的 CAS 通用分类标准的核心模式文件。

```xml
<?xml version="1.0" encoding="UTF-8"?>
<!-- Taxonomy: 2010-09-30 (Final) ********************** Copyright © 2010 Ministry of Finance, China. All rights
reserved. No part of this publication may be translated, reprinted or reproduced or utilised in any form either in whole or in part
without prior permission in writing from the Ministry of Finance, China. ********************** -->
<xsd:schema xmlns:xlink="http://www.w3.org/1999/xlink" xmlns:net="http://www.xbrl.org/2009/role/net"
xmlns:info="http://xbrl.iasb.org/info" xmlns:xbrli="http://www.xbrl.org/2003/instance"
xmlns:xl="http://www.xbrl.org/2003/XLink" xmlns:negated="http://www.xbrl.org/2009/role/negated"
xmlns:ifrs="http://xbrl.iasb.org/taxonomy/2010-04-30/ifrs" xmlns:xbrldt="http://xbrl.org/2005/xbrldt"
xmlns:nonnum="http://www.xbrl.org/dtr/type/non-numeric" xmlns:num="http://www.xbrl.org/dtr/type/numeric"
xmlns:link="http://www.xbrl.org/2003/linkbase" xmlns:cas="http://xbrl.mof.gov.cn/taxonomy/2010-09-30/cas"
xmlns:xsd="http://www.w3.org/2001/XMLSchema" elementFormDefault="qualified"
attributeFormDefault="unqualified" targetNamespace="http://xbrl.mof.gov.cn/taxonomy/2010-09-30/cas">
    <xsd:import schemaLocation="http://www.xbrl.org/2003/xbrl-instance-2003-12-31.xsd"
        namespace="http://www.xbrl.org/2003/instance"/>
    <xsd:import schemaLocation="http://xbrl.iasb.org/taxonomy/2010-04-30/ifrs-cor_2010-04-30.xsd"
        namespace="http://xbrl.iasb.org/taxonomy/2010-04-30/ifrs"/>
    <xsd:import schemaLocation="http://www.xbrl.org/lrr/role/negated-2009-12-16.xsd"
        namespace="http://www.xbrl.org/2009/role/negated"/>
    <xsd:import schemaLocation="http://www.xbrl.org/lrr/role/net-2009-12-16.xsd"
        namespace="http://www.xbrl.org/2009/role/net"/>
    <xsd:import schemaLocation="http://www.xbrl.org/dtr/type/nonNumeric-2009-12-16.xsd"
        namespace="http://www.xbrl.org/dtr/type/non-numeric"/>
    <xsd:import schemaLocation="http://www.xbrl.org/dtr/type/numeric-2009-12-16.xsd"
        namespace="http://www.xbrl.org/dtr/type/numeric"/>
    <xsd:import schemaLocation="http://www.xbrl.org/2005/xbrldt-2005.xsd"
        namespace="http://www.xbrl.org/2005/xbrldt"/>
    <xsd:element xbrli:periodType="duration" nillable="true" abstract="false" substitutionGroup="xbrli:item"
        type="xbrli:stringItemType" id="cas_AccountingTreatmentOfBusinessPurchased"
        name="AccountingTreatmentOfBusinessPurchased"/>
    <xsd:element xbrli:periodType="duration" nillable="true" abstract="false" substitutionGroup="xbrli:item"
        type="xbrli:stringItemType" id="cas_AccountingTreatmentOfBusinessSold"
        name="AccountingTreatmentOfBusinessSold"/>
```

图 8-2　CAS 分类标准的核心模式文件

从图 8-2 可以看出，模式文件通过 <xsd:import schemaLocation> 元素来实现对实例文档（instance）、分类标准（taxonomy）、角色（role）、数据类型（type）等模式的引用，通过 element 元素来实现对核心概念的定义。其中，对概念的定义分别使用 id、name、periodType、nillable、abstract、substitutionGroup、Tpye 属性，用于指定概念的标识符、名称、产生的时期类型、是否可为空、是否为抽象元素、可替换组是 item 还是 tuple 以及数据的类型。

模式文件的一致性检验主要是检测概念定义是否有冲突，即判断是否有重复命名，如上述的 element 元素的 id 相同则认为是同一个元素。此外，对于多个组织之间的 XBRL 系统，还必须解决异构系统的元素概念指称问题。从 XBRL 的链接文件中可知，财务元素概念的指称主要通过参考链接文件实现对该概念定义的权威出处链接。那么可以判断，如果多个组织之间的 XBRL 中不同名称的元素概念指向同一个参考链接，则认为概念的指称是一致的，即为名字不同但语义相同的概念。否则需要通过进一步分析财务元素的其他链接关系，判断其语义是否一致。

2. 链接库文件一致性

XBRL 中元素的关系描述主要集中在分类标准的五大链接库文件中。图 8-3 展示了我国财政部通用分类标准 CAS_30_2010-09-30 中个别利润表的计算链接库文件结构，在 XML 链接库文件中，通过根节点 <link:linkbase> 表示链接库文件，其中包括 <link:roleRef> 和 <link:calculationLink> 子元素，分别用于指定链接库的有关链接、类型等属性，以及计算链接的计算关系。

```
<?xml version="1.0" encoding="UTF-8"?>
<!-- Taxonomy: 2010-09-30 (Final) ********************** Copyright © 2010 Ministry of Finance, China. All rights reserved.
No part of this publication may be translated, reprinted or reproduced or utilised in any form either in whole or in part without prior
permission in writing from the Ministry of Finance, China. ********************** -->
<link:linkbase xmlns:xbrli="http://www.xbrl.org/2003/instance" xmlns:xlink="http://www.w3.org/1999/xlink"
xmlns:link="http://www.xbrl.org/2003/linkbase" xmlns:cas_entry_point="http://xbrl.mof.gov.cn/taxonomy/2010-09-
30/cas/cas_entry_point" xsi:schemaLocation="http://www.xbrl.org/2003/instance http://www.xbrl.org/2003/xbrl-
linkbase-2003-12-31.xsd" xmlns:xsi="http://www.w3.org/2001/XMLSchema-instance">
    <link:roleRef xlink:href="rol_cas_30_2010-09-30.xsd#RT_330005" xlink:type="simple"
      roleURI="http://xbrl.mof.gov.cn/role/cas/cas_30_2010-09-30_role-330005"/>
  + <link:calculationLink xlink:role="http://xbrl.mof.gov.cn/role/cas/cas_30_2010-09-30_role-330005"
      xlink:type="extended">
</link:linkbase>
```

图 8-3　CAS 个别利润表的计算链接库文件描述

对于链接库的语义一致性检验，主要是检验链接库中元素以及元素之间的关系描述是否有冲突。因此，需要把链接库中表达财务元素链接关系的语义提取出来。

XBRL 分来标准链接库中元素之间的关系通过角色弧 Arc 来定义的，如计算链接库中的 <link:calculationArc>，弧的 xlink:from 和 xlink:to 属性用于描述元素之间的整体—部分以及层级关系（见图 8-4），因此可以通过对链接库文件的角色弧属性来检验是否存在关系描述的不一致。

```
<link:loc xlink:title="OperatingProfits" xlink:href="../../cas_core_2010-09-
    30.xsd#cas_OperatingProfits" xlink:type="locator" xlink:label="OperatingProfits"/>
<link:calculationArc xlink:title="calculation: ProfitLossBeforeTax to OperatingProfits" xlink:type="arc"
    order="1.0" xlink:to="OperatingProfits" xlink:from="ProfitLossBeforeTax"
    xlink:arcrole="http://www.xbrl.org/2003/arcrole/summation-item" weight="1.0"/>
<link:loc xlink:title="Revenue" xlink:href="http://xbrl.iasb.org/taxonomy/2010-04-30/ifrs_cor_2010-
    04-30.xsd#ifrs_Revenue" xlink:type="locator" xlink:label="Revenue"/>
```

图 8-4 计算弧的关系定义片段

图 8-4 展示了元素"营业利润"（OperatingProfits）与"营业收入"（Revenue）之间的加和关系。其中，xlink:from 指向"综合收益总额"，xlink:to 指向"净利润"，加和权重 weight 为 1.0，即营业利润＝+营业收入……，而 order＝1.0 表示营业收入在利润表的总额科目列报排第一，其他类似的关系可以得到表 5-1 所示的利润表结构。具体而言，XBRL 链接库所展示的元素之间的链接关系可以通过检验链接弧的 xlkink:arcrole、xlink:from 和 xlink:to 三个属性的取值是否相同，如果相同则说明该链接关系类型和指向都相同，即表示的是同一个关系。

（二）实例文档一致性检验

XBRL 实例文档描述的是企业的商业事实，这些商业事实通过对 XBR 分类标准文件中财务元素的实例化来表达。因此，实例文档的一致性检验主要是检测在实例文档元数据与分类标准的定义是否一致，包括概念的一致性以及事实值的计算关系检验。本书重点关注的是元数据的一致性，因此本章涉及的实例文档的一致性检验主要是指财务元素的概念一致性检验。

图 8-5 展示了某上市公司提交的 XBRL 实例文档的 XML 文件。其中，该 XBRL 实例文档通过 context 元素来描述公司呈报商业事项的有关背景信息，如调整前后信息、母子公司关系等，uint 元素用于表示计量的单位，具体的商业事实分别采用证监会的行业分类标准 csrc-pfs 以及财政部的 cn-fr-common 标准，因此对于该实例文档进行概念的一致性检验主要是针对与上述标准中概念定义是否一致。

图 8-5 某公司 XBRL 实例文档片段

综合上述两个方面，XBRL 的元数据一致性问题主要是概念以及概念关系的元数据表达的一致性问题。下面将通过我国财政部发布的通用分类标准 CAS 中利润表的元数据描述来进行本地一致性检验实证，在此基础上，分析我国财政部的 CAS 与深圳证券交易所发布的财务报告分类标准 FR 的差异，并尝试对其异构的语义进行一致性检验，为多个组织之间的 XBRL 的元数据一致性检验提供理论与技术支持。

二、XBRL 财务元数据一致性检验实证

对于 XBRL 财务元数据的一致性检验，本书主要利用本体技术来实现。需要数据转换、元数据存储、以及本体推理机等技术的支持。因此，综合上述对 XBRL 财务元数据的一致性检验任务，本书研究通过构建元数据存储库，实现本体元数据的实时自动获取，在此基础上，设计从元数据库到本体的自动映射与转

化的系统原型，该系统能够支持从 Oracle 元数据库到 OWL 本体的自动转换，再通过本体编辑工具 Protégé 内置的 Pellet 推理机实现对本地本体的一致性检验。由于多个组织之间的 XBRL 涉及多个 XBRL 分类标准本体，目前还没有专门支持多本体的软件和工具，因此，本书将建立多本体的一致性推理规则，并通过 Jena 推理机来实现多本体的概念一致性检验。

（一）元数据存储库

元数据存储库是用于支持元数据存储、交换、管理的集成系统。元数据存储库与一般的数据库不同，需要解决数据的描述问题，元数据存储库应提供有效的机制，保证从不同的数据源（包括各种行业规范、系统软件说明、工作文档等）中获取对数据正确描述的元数据。对此，本书设计并开发了通用元数据存储系统 Metabase，其工作界面如图 8-6 所示。该系统能支持基于语义的元模型和元数据存储与管理，可用于不同领域中有关术语及概念之间关系的元数据存储、管理和分析功能。主要包括以下三个方面：

（1）元数据获取功能，可以实时或定期地从规范性文档、说明书、工作文档等数据源中获取相关的元数据。

图 8-6 元数据存储库的工作界面

（2）元数据存储功能，可以为领域的元数据进行存储，并提供用户的权限管理、元数据的查询、与导入、导出接口、版本信息存储、编辑与查询等功能。

（3）元数据处理功能，除能为元数据提供基本属性的添加、删除、修改以及设置依赖关系等基本功能外，还提供了元数据的血统分析、影响分析、差异分析等分析功能。

通过 Metabase 的元数据添加功能，在已建立的 XBRL 元模型的基础上，建立 XBRL 模式文件的元素以及五大链接库（定义链接库、计算链接库、列报链接库、标签链接库和参考链接库）的定位器 Locator 以及角色弧 Arc 的元数据及其相关属性。如图 8-7 所示为 Metabase 的元数据修改界面，包括元数据的属性、继承关系、版本信息等。

图 8-7　Metabase 的元数据修改界面

Metabase 支持数据库的数据导入导出，通过开发相应的应用程序接口可以实现元数据的实时批量提取。针对本书研究的 XBRL 文档结构，研究开发了从 XML 格式文件提取元数据到 Oracle 数据库的程序模块，该模块可以实现从企业呈报的 XBRL 文档中自动获取元数据存储到存储库中，核心的转换代码可参考附录 1。通过对模块应用程序的进一步扩展可以实现对 XBRL 实例文档的一致性检验，从而实现概念一致性的自动检测。

此外,元数据库 Metabase 存储的 XBRL 元数据实际上为本体的元数据。通过开发数据导出程序接口,可以实现从 Metabase 导出元数据生成 XBRL 分类标准本体,进而通过本体的一致性推理机对元数据库的元数据描述进行检验,如果能通过一致性检验则说明元数据存储库的功能是有效的和正确的。

(二) 单个 XBRL 本体的建立

领域本体是某个领域公认共享的概念及概念间的关系的集合,本体技术具有一致性检测的功能。目前应用最广泛的本体编辑器和知识获取软件是由斯坦福大学研制的基于 Java 的开放源代码的本体编辑工具 Protégé[83]。该软件主要用于本体的构建,是语义 Web 中本体构建的核心开发工具。

Protégé 提供了本体中的概念类、关系、属性和实例的构建方法,屏蔽了具体的本体描述语言,并且采用图形化 GUI 界面,用户可以在概念层次上构建和编辑领域本体,方便、易用。Protégé 具有很强的可扩展性,可以添加不同的插件来实现功能的扩展,如知识推理、支持树形本体展示等,因此,得到了国内外众多研究机构的青睐。

本书将选择 Protégé3.4.4 来构建 XBRL 本体,并通过其内置的 Pellet 推理机来实现 XBRL 本体概念的一致性检验。具体将先创建分类标准的本体类,根据分类标准的元类结构,分别建立链接库中的五大链接(计算链接、列报链接、定义链接、标签链接、参考链接)的类以及类之间的关系、类的对象属性和个体,以此生成本体。

根据前面第五章的 XBRL 链接库优化分析,由于链接库的关系中定义、列报可以由计算链接库的描述来代替和转化,定位器在链接库中出现属性的重复定义。因此,在构建 XBRL 分类本体时,考虑上述关系的形式化优化,本实证将选择计算链接和定位器来进行 XBRL 本体的形式化验证。

作为实证分析,本章将选择三大财务报表中的利润表为例进行展示与说明。具体在 OWL Classes 中创建 XBRL 本体的类,主要包括分类标准和实例文档两部分,本书主要关注的是分类标准的元数据一致性,因此,重点构建了利润表的分类标准本体，然后通过添加类的具体属性（包括类与类之间的对象属性 Object Properties 和类自身的数据类型属性 DataType Properties），实现类之间关系的表达，接着对类进行实例化表示，即创建类对应的个体（Individuals），本章以我国财政部发布的 CAS 利润表分类标准为例进行 XBRL 类分实例化，具体构建的 CAS XBRL 分类标准本体片段如图 8-8 所示。

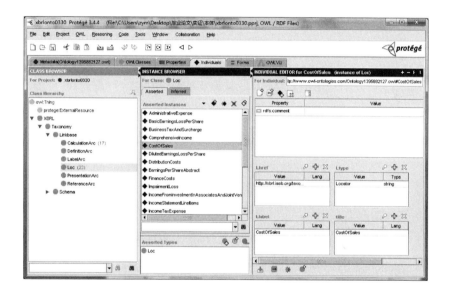

图 8-8　protégé 构建的 XBRL CAS 分类标准本体片段

Protégé 提供了从本体元数据转化到数据库存储的功能，可以方便地将所建立的本体存储在数据库中，而前面所述的 Metabase 就是课题组开发的 Oracle 元数据存储库，因此，通过 protégé 的数据库存储功能可以进行相互验证元数据存储库与 Protégé 所建立本体的一致性。图 8-9 是通过程序（详见附录 2）将存储于数据库中的元数据生成的 XBRL 分类标准本体类结构。

Protégé 所建立的 XBRL 本体关系图展示了 XBRL 分类标准中链接库与链接弧、定位器之间的关系，这与第五章所提出来的链接库优化的结果是相符的，由此可见，前述的优化结果是有效的。XBRL 本体的建立为后续的本体推理、一致性检验提供了基础。

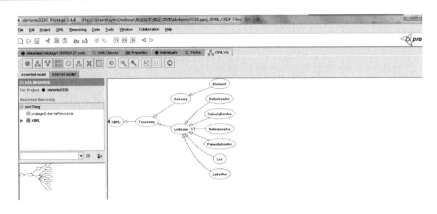

图 8-9　XBRL 分类标准本体的类关系

（三）单个 XBRL 本体的一致性检验

基于本体的一致性检验可以通过本体推理引擎来实现。目前，流行的本体推理引擎主要包括四类：

（1）基于传统描述逻辑的 Tableau 算法设计的推理引擎，如常用的 Racer/RacerPro、Pellet 和 Fact++[8]。由于使用特定的算法，因此推理效率较高，但这类推理引擎也只能解决特定的本体语言推理，推理的扩展性较差。

（2）基于推理规则的推理引擎，这些推理规则可以通过映射实现在推理引擎上对本体进行关系的推理验证，典型的代表如 Jess[84] 和 Jena。这两者都是开源的，使用者可以编辑不同的推理规则，通过推理引擎实现本体的推理。

（3）基于一阶谓词证明器的方法[85]，如 Hoolet 推理机。由于一阶谓词逻辑是具有可靠性和完备性的演绎系统，而本体语言 OWL 可以等价地转化为一阶谓词（FOL）。因此，可以利用一阶谓词证明器实现对 OWL 本体的推理。

（4）基于逻辑编程的方法，典型的有 F-OWL[86] 和 KAON2 推理机。

结合上述推理引擎的特点，本文将选择 Protégé3.4.4 内置的 Pellet 推理机进行同一组织的 XBRL 分类标准本体的一致性检验。考虑推理规则的可扩展性，本书将选择 Jena 推理机，并通过编写推理规则，实现对多个组织之间的 XBRL 分类标准的概念一致性推理。

前一节利用 Protégé3.4.4 建立了 XBRL CAS 分类标准本体，接着可以通过 Protégé3.4.4 内置的 Pellet 推理机对生成的 XBRL 本体进行一致性检验。如图 8-10 所示，检测结果显示无概念一致性错误，说明建立的本体不存在概念冲突。

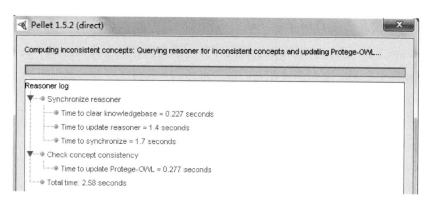

图 8-10　Pellet 推理机的一致性检测结果

为了验证 TDL$_{BR}$ 形式化规则的正确性，下面将建立一个测试的类 testArc，使其既属于计算连接弧，又属于参考链接弧。而根据类之间的互斥规则，可知存在不一致性。通过 Pellet 推理机检测出来不一致性结果如图 8-11 所示，说明本书所建立的分类标准本体的类关系推理规则能检测出概念的一致性。

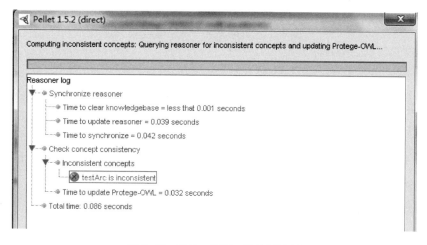

图 8-11　Pellet 的不一致检测结果

为了进一步验证上述建立的本体推理规则的正确性，本书通过引入 Jena 推理机，实现规则库的自动推理。具体地，把写好的规则保存到 Reasoning. rules 文件中，并通过 Jena 对规则库规则进行检测，建立的规则参见附录 3。这里用上面的 testArc 类，并定义了营业利润（Operating Profits）与营业收入（Operating Revenue）的弧关系个体 Operating Profits to Revenue。Jena 的推理结果如图 8-12 所示，该检测结果表明，推理规则能发现冲突：该类同时属于相离的两个类，其个体也存在冲突。两次实验结果相互验证了本体的正确性。

图 8-12　Jena 的不一致检测结果

（四）多个组织之间的 XBRL 本体的一致性检验

由于目前还没有对分布式本体的编辑和管理工具，因此，本书考虑开发 Jena 的推理接口，实现分布式本体的概念一致性检测。

元数据存储库 Metabase 可用于存储和管理多个本体的元数据，因此，这里我们考虑建立多个本体的元数据存放于 Metabase 中，然后通过 Jena 的推理规则对多个分布式本体的元数据进行一致性检测。本书以我国财政部 CAS 和深交所的

FR 分类标准为例，在 Metabase 中建立的分类标准元数据如图 8-13 所示。

图 8-13　Metabase 中存放的两套分类标准元数据

通过上述的元数据读取接口程序，从 Metabase 获取分类标准的元数据并创建本体。由于参考链接是对元素的权威出处的描述，可以认为如果参考链接的 URL 地址相同，则认为是相同的概念。因此，对多个组织之间的 XBRL 分类标准的概念一致性检测可以通过参考链接的判断来实现。对于模式文件中元素的属性的判断规则为：

*rule*1：（?C hasinstance?c1）（?C hasinstance?c2）（?R hasproperty?p1）

（?R hasproperty?p2）（?R hasproperty?p3）（?R hasproperty?p4）

（?R hasproperty?p5）（?R hasproperty?p6）（?S hasproperty?t1）

（?S hasproperty?t2）（?S hasproperty?t3）（?S hasproperty?t4）

（?S hasproperty?t5）（?S hasproperty?t6）（p1 notEqual p2）

（p2 notEqual p3）（p3 notEqual p4）（p4 notEqual p5）（p5 notEqual p6）

（t1 notEqual t2）（t2 notEqual t3）（t3 notEqual t4）（t4 notEqual t5）

（t5 notEqual t6）（p1 Equal t1）（p2 Equal t2）（p3 Equal t3）（p4 Equal t4）

（p5 Equal t5）（p6 Equal t6）->（c1 Equal c2）

而对于参考链接的判断，可以通过建立以下推理规则：rule2：（?x http://www.owl-ontologies.com/Ontology1395882127.owl#xlink：href?y）->（x Equal y）。建立上述推理规则后，通过 Jena 推理机来检测。无概念一致性冲突的检测结果显示如图 8-14 所示。

图 8-14　Jena 对参照链接的一致性检测结果

　　为了检验推理规则的正确性，本书实验中设置财政部的 CAS 利润表中对营业收入（cas_ Revenue）的参考链接为 href = "http：//xbrl. iasb. org/taxonomy/2010-04-30/ifrs-cor_2010-04-30. xsd#ifrs_ Revenue"，而深圳证券交易所对营业收入（cn-fr-common_ 营业收入）的参考链接为 "http：//xbrl. iasb. org/taxono-my/2010-04-30/ifrs-cor_2010-04-30. xsd#ifrs_ Revenue"。经过 Jena 推理检测，发现两者是参照同一概念，结果如图 8-15 所示。

图 8-15　Jena 对参照链接不一致性的检测结果

　　如果两个元素的参考链接不同，则需要进一步分析该元素对应的其他链接关系，判断其关系的语义是否相同。对于这种情况可以编写相应的推理规则，通过开发应用程序模块来实现。

（五）实证结果分析

　　本章的实证结果从同一组织和多个组织之间两个层面对 XBRL 的财务元数据一致性进行检测。元数据存储库 Metabase 可以实现单个和多个分类标准元数据的存储与管理，为 XBRL 财务元数据的一致性控制提供了高效的元数据管理基础。本章首先通过 Metabase 分别存放我国财政部 CAS 分类标准和深交所的 FR 分类标准的两套分类标准元数据。通过开发的数据转换模块，实现元数据到本体的生成。其次利用 Protégé 内置的 Pellet 推理机进行本体的一致性检测，结果表明本体的建立是正确的、有效的。而再次通过对描述逻辑 TDL_{BR} 的形式化，并设计相应的推理规则，通过 Jena 推理机的检测，验证了 TDL_{BR} 规则的正确性。最后通过对 CAS 分类标准以及 CAS 和 FR 两套分类标准财务元数据的参考链接关系建立推理规则，以 Jena 推理机检测其概念一致性，结果表明该推理规则能正确给出检测结果。

三、冲突消解

冲突消解是指针对不一致性的问题，应用一定的消解规则使不一致性解除。冲突的消解需要根据具体的领域知识，通过人工或者基于规则的自动化方法来解决[53]。本书第三章的 XBRL 不一致性需求明确指出了多个组织之间的 XBRL 系统中，不一致问题分为同一组织的 XBRL 元数据和多个组织之间的 XBRL 元数据一致性两种，而这两类的不一致性问题又可分为分类标准的不一致和实例文档的不一致性问题。而本书研究的 XBRL 财务元数据的不一致问题，主要考虑从 XBRL 财务元数据的语义层面来研究其冲突消解。

由于实例文档是企业披露的商业事实值，其不一致性问题具体包括实例文档中元素定义是否符合分类标准的定义以及商业事实值是否正确两方面。而 XBRL 实例文档中的商业事实关系也主要由分类标准的链接关系所决定，其不一致问题的消解方法依赖于分类标准元数据的冲突消解。因此，XBRL 财务元数据的冲突消解主要是针对分类标准元数据的不一致问题，可以分别从同一组织的 XBRL 分类标准以及多个组织之间 XBRL 分类标准的财务元数据冲突问题来研究其消解方法。

（一）同一组织的 XBRL 分类标准元素概念定义的冲突消解

元素概念定义的冲突主要是指模式文件中对财务元素概念定义的冲突，如同名概念、不同名但语义相同的元数据冲突。出现上述冲突应该分两种情况来进行消解：同名概念的冲突可以修改元数据的名字来解决；不同名但同义的元数据冲突，则应该选择其中一个删除，或者修改语义关系以消除异义冲突。

（二）同一组织的 XBRL 分类标准元素关系的冲突消解

元素关系的冲突是指链接库文件对元素的描述出现矛盾，如财务数据的借贷关系、财务元素的列报关系冲突等。这部分冲突消解主要依据行业规则，如会计准则，进行分类标准的人工消解。在保证分类标准的链接关系描述符合规范的情况下，可以通过分类标准对元素关系的定义，建立相应的检测规则对实例文档进行一致性检验与冲突消解。如果是实例文档元素定义冲突，则修改实例文档的元素定义；如果是实例值冲突，则应根据分类标准规定的元素关系进行修改。

（三）多个组织之间的 XBRL 分类标准元数据的语义冲突消解

由于不同组织之间的 XBRL 分类标准存在着元素概念定义多义性的特点，其一致性问题分为结构冲突和语义冲突两种。其中结构冲突将需要对每套分类标准的 XML 文件中元素的定义进行具体分析，其消解方法也只能依据 1 对 1 的分析，研究其映射规则。可以考虑选择参照本体，并研究各个分类标准与参照分类标准本体之间的映射规则，必要时需要对元数据进行修改操作以解决冲突问题。语义冲突则主要通过各自分类标准中元素的概念定义（元素的标签）、概念的属性，以及元素的参考链接来进行消解。如同样指向 IFRS 的 Operating Profits（营业利润），但是其中一个为借（Debit），另一个为贷（Credit）的关系，则应考虑按照权威的营业利润的 Credit 关系来进行修改。

上述的三类冲突问题的消解方法可以总结为对元数据的添加、删除和修改操作，加以人工或者自动、半自动的方式来实现冲突消解。

四、本章小结

本章首先分析 XBRL 一致性检验的主要任务，进一步细化 XBRL 语义一致性检验的相关流程以及分类标准和实例文档元数据语义一致性检验的内容。从本地以及分布式两个层面对 XBRL 元数据一致性进行实证检验。其次初步开发了数据转换模块，该模块能实现 XBRL 实例文档到元数据库的数据提取与存储；设计了从数据库到 Protégé 的本体构建应用程序接口模块，通过 Protégé 的 Pellet 推理机实现对同一组织的 XBRL 分类标准本体的一致性检验，与元数据存储库的数据进行比较，证明了上述数据转换模块的正确性；设计开发多个组织之间的 XBRL 的推理规则，通过 Jena 推理机实现了对我国财政部和深交所发布的两套分类标准中的利润表的概念一致性检验，从而验证了多个组织之间的 XBRL 本体的概念一致性检测方法的正确性。最后在对 XBRL 一致性检验实证分析的基础上，提出了冲突消解的三种情况以及消解方法。

结　论

随着 XBRL 全球化推广应用的脚步加快，对 XBRL 财务报告的智能化分析利用提出了更高的要求。如何在网络环境下提高同一组织先后以及多个组织之间的 XBRL 财务数据的可比性，实现更高效的财务数据和非财务数据的获取、存储、分析和利用，是目前亟待解决的问题。在此背景下，本书根据对国内外文献的梳理、述评，分析会计信息系统、语义 Web、本体方法、描述逻辑等相关理论，提出了基于描述逻辑的 XBRL 财务元数据一致性控制框架。针对 XBRL 财务元数据的时态特点，提出了描述逻辑的时态扩展 TDL_{BR}，该逻辑能有效支持 XBRL 财务元数据的形式化表达，并具有可判定性。针对同一组织的 XBRL 的版本管理问题，提出了以时态描述逻辑 TDL_{BR} 为形式化基础的版本管理机制，并提出了多个组织之间的 XBRL 集成模型，给出了相应的逻辑扩展。最后根据 XBRL 元数据一致性检验的需求，通过开发系统原型，实现 XBRL 数据转化、本体构建与规则推理，验证了元数据的一致性检测方法的有效性，并提出了冲突消解的方法。

本书主要有以下研究结论：

（1）应用时态描述逻辑 TDL_{BR} 形式化表达 XBRL 中的时态知识具有可行性和有效性，且可以提高 XBRL 财务数据的可比性。

通过对 XBRL 财务报告的时态特征分析，对描述逻辑进行逻辑扩展，提出了适合时态特征的描述逻辑 $TDLR_{BR}$，该逻辑扩展特别适合于时刻数据的形式化表示，并证明了该逻辑理论的可靠性、可终止性、完备性和可判定性。时态描述逻辑 TDL_{BR} 能精确表达 XBRL 财务元数据的语义，语义独立于具体的语法，从语义的角度保证 XBRL 财务元数据的一致性，可以达到不同 XBRL 财务数据的可比性。该描述逻辑扩展对于解决时态数据的形式化提供了理论基础，而且具有一般性，可以扩展到其他时态领域的知识表示中。

（2）基于 TDL_{BR} 的 XBRL 链接库关系形式化表达优化方法能显著提高推理效率。

分析 XBRL 五大链接库文件的结构与基于 XLink 的 XBRL 元素关系表达，存在大量的重复描述，不利于形式化后的高效推理，在考虑 XBRL 财务报告报送需求的基础上，分析确定定义链接库元素概念定义以及计算链接库中的计算关系为必选关系，其他链接库的关系可以通过上述两种关系进行转化。通过对我国财政部发布的分类标准中利润表元数据的形式化表达以及 Protégé 建立的 XBRL 本体，从实证上证明该优化方法可以大大降低推理的规则数，提高推理效率。

（3）基于语义的 XBRL 分类标准版本管理方法具有较强的可行性。

本书根据 XBRL 版本管理的需求，分析了版本规范报告对变更前后的 DTS 的结构化语法表达与解释，由于版本变化信息主要是针对分类标准，因此，前述提出的时态描述逻辑的形式化方法可用于版本管理报告的语义表达。通过时态描述逻辑 TDL_{BR} 来形式化版本管理报告中的元数据，加上元数据存储库 Metabase 可以实现对 XBRL 分类标准元数据的版本信息存储、更新与查询，可为下一步不同版本的 XBRL 数据集成与分析应用提供理论支持。

（4）多个组织之间的 XBRL 集成模型具有可行性。

由于多个组织之间的 XBRL 分类标准结构的规范性，针对多个组织之间的 XBRL 元素概念定义的多义性，构建的多个组织之间的 XBRL 集成模型具有可行性。本文从逻辑映射的角度，对时态描述逻辑 TDL_{BR} 进行分布式扩展，建立基于包含桥规则映射的分布式描述逻辑 $DTDL_{BR}$，指出涉及多个 XBRL 分类标准的推理任务，并构建其分布式 Tableau 算法，最后证明算法的可终止性、完备性。多个组织之间的 XBRL 集成模型为后续的分布式推理提供了逻辑基础。

（5）基于描述逻辑的 XBRL 一致性检测系统具有更强的语义表达与推理能力。

XLink 在 XBRL 财务报告中广泛应用，用于表达 XBRL 财务元素之间的各链接关系，但 XLink 的弱语义表达能力，注定其在推理能力方面的不足。本书从表达能力较强的描述逻辑出发，构建 XBRL 元数据一致性检测系统，通过本体构建工具 Protégé 及其内置的 Pellet 推理机实现对同一组织的 XBRL 元数据一致性检测，实验结果表明，基于时态描述逻辑 TDL_{BR} 的形式化方法的正确性，并能推过推理机自动发现不一致的冲突。对于多个组织之间的 XBRL 分类标准概念一致性则通过开发 Jena 推理规则实现其自动检测，结果验证了本书提出的推理规则的正确性。

本书针对 XBRL 财务数据的时态知识表达、结构化的版本管理以及多个组织之间的 XBRL 共享与集成系统、元数据一致性自动检测等相关问题进行了研究，提出以描述逻辑作为形式化的理论基础，为 XBRL 财务元数据的一致性控制提供了有益的研究思路。

然而基于 XBRL 的财务数据呈报是个庞大而复杂的系统，对于财务数据复杂的计算关系，需要引入更多的构造算子来对描述逻辑进行扩展，这样反过来又会对推理效率造成更大的压力。而且，对于分布式的环境中，由于各国和地区实施的行业或会计准则不一样，导致对多个组织之间的 XBRL 数据自动检测还存在较大的难度，这些问题都有待后续的工作进一步补充解决。总体而言，后续的研究还应从以下三个方面展开：

（1）时态描述逻辑 TDL_{BR} 的扩展。

为了保证高效的推理，本书提出的对描述逻辑 TDL_{BR} 可用于描述时态概念和关系，这用于版本的迁移有一定的指导意义，然而未能解决财务数据的计算关系。因此，笔者将继续研究描述逻辑的计算关系表达的扩展，并衡量其可判定性，以寻求能够合适表达更复杂财务关系的逻辑理论。

（2）多个组织之间的 XBRL 的映射规则细化。

本书提出了桥规则来实现不同组织的 XBRL 财务信息的映射，但具体的映射细节需要进一步细化。由于各国遵循的标准不一样，建立的 XBRL 本体会有所差异。因此后续的研究将重点解决如何与国际标准的分类标准进行映射，以统一的业务标准，加强 XBRL 数据的可比性，以加快我国财务会计与国际化接轨。

（3）基于逻辑的 XBRL 元数据关系的一致性检测与消解。

本书提出了基于语义的元数据一致性检验与冲突消解的主要思路，实现了基于本体的概念一致性检测。然而，对于 XBRL 元数据语义关系的一致性问题，由于涉及相关的行业规则，关系较为复杂，本书提出的方法是基于财务数据语义的一致性检测，后续的研究应关注关系的逻辑表达，寻求基于逻辑的自动检测，并在此基础上分析 XBRL 财务数据冲突的分类以及尝试冲突的自动、半自动消解方法。

参考文献

［1］中华人民共和国财政部会计信息质量检查公告（第二十七号）［EB/OL］. http：//jdjc. mof. gov. cn/zhengwuxinxi/gongzuodongtai/201312/t20131227_ 1030263. html.

［2］蒋义宏 . 会计信息失真的现状成因与对策研究 ［M］. 北京：中国财政经济出版社，2002.

［3］应唯，杨周南 . 中国 XBRL 分类标准问题研究 ［M］. 大连：大连出版社，2011.

［4］张艺馨 . XBRL 应用集成及其影响——基于两类代理成本 ［J］. 经营与管理，2014（2）：106－108.

［5］第四届 XBRL 亚洲圆桌论坛 ［EB/OL］. http：//www. xbrl-cn. org/2013/0613/91441. shtml.

［6］陈志奎，王秀坤，朴勇 . XBRL 技术及其在财务报告中的应用 ［M］. 北京：科学出版社，2013.

［7］2013 年企业会计准则通用分类标准实施工作总结报告 ［EB/OL］. http：//www. xbrl-cn. org/2014/0114/98610. shtml.

［8］高志强，潘越，马力等 . 语义 Web 原理及应用 ［M］. 北京：机械工业出版社，2009.

［9］XBRL 行动计划 ［EB/OL］. http：//www. xbrl. org/sites/xbrl. org/files/imce/XBRL2010Initiatives. pdf.

［10］吕科，谷士斌 . XBRL 数据集成处理与分析 ［M］. 北京：电子工业出

版社，2008.

[11] 刘锋. 基于语义 Web 的 XBRL 技术模型及其应用研究 [D]. 财政部财政科学研究所博士学位论文，2012.

[12] 王东. XBRL 财务报告元数据语义形式化与推理研究 [D]. 暨南大学博士学位论文，2013.

[13] Gruber T R. A Translation approach to portable ontology specifications [J]. Knowledge Acquisition，1993，5（2）：199-220.

[14] Guarino N. Formal ontology and information systems [J]. Formal Ontology in Information Systems，1998（5）：3-15.

[15] 吴忠生，张天西，陈志德等. 基于领域本体的 XBRL 财务报告转换研究 [J]. 计算机应用研究，2013（12）：3643-3651.

[16] Lara R，Cantador I，Castells P. XBRL taxonomies and OWL ontologies for investment funds [J]. Heidelberg LNCS，2006（4）：271-280.

[17] NÙÑEZ S M，DE ANDRÉS SUÁREZ J，GAYO JEL，et al. A semantic based collaborative system for the interoperability of XBRL accounting information [M]// Emerging technologies and information systems for the knowledge society. Berlin：Heidelberg Springer，2008：593-599.

[18] Spies M. An ontology modeling perspective on business reporting [J]. Information System，2010，35（4）：404-416.

[19] 吴忠生，张天西，李争争. 商业报告供应链视角下的 XBRL 技术研究 [J]. 现代管理科学，2013（7）：90-93.

[20] 姚靠华，洪昀. XBRL 的本体论基础研究 [J]. 财务与会计，2009（3）：54-55.

[21] 杨周南，朱建国，刘锋等. XBRL 分类标准认证的理论基础和方法学体系研究 [J]. 会计研究，2010（11）：10-15.

[22] Li B，Liu M. An ontology-augmented XBRL extended model for financial information analysis [C]. IEEE International Conference on Intelligent Computing and Intelligent Systems，2009（3）：99-103.

[23] 张天西. 网络财务报告：XBRL 标准的理论基础研究 [J]. 会计研究，

2006（9）：56-63.

［24］高锦萍，张天西．XBRL 财务报告分类标准评价——基于财务报告分类与公司偏好的报告实务的匹配性研究 ［J］．会计研究，2006（11）：24-29.

［25］Lee C Y. A knowledge management scheme for meta-data：An information structure graph ［J］. Decision Support Systems，2004（36）：341-354.

［26］Debeceny R，Gray L. The production and use of semantically rich accounting reports on the Internet：XML and XBRL ［J］. International Journal of Accounting Information Systems，2001（6）：47-74.

［27］沈颖玲．会计全球化技术视角——利用 XBRL 构建国际财务报告准则分类体系 ［J］．会计研究，2004（4）：35-40.

［28］Declerck T，Krieger H U. Translating XBRL into description logic. An approach using protégé，Sesame & OWL ［C］. 9th International Conference on Business Information Systems，Klagenfurt，Austria，2006：455-467.

［29］MUSING ［EB/OL］.［2011-04-20］. http：//cordis. europa. eu/fp6/dc/index. cfm? fuseaction=Usersite. FP6HomePage.

［30］潘云珊，潘定．XBRL 财务报告的语义形式化研究 ［J］．会计之友，2011（7）：35-38.

［31］孙凡，杨周南．XBRL 技术体系结构的语言学分析与改进研究 ［J］．会计研究，2013（7）：13-19.

［32］Peter Chamoni. XBRL and business intelligence-From business reporting to advanced analysis ［J］. New Dimensions of Business Reporting and XBRL，2007：178-189.

［33］王舰，王东娣，李玉亭．借力 XBRL，助推财务智能，塑造"智慧"会计人 ［J］．会计之友，2010（10）：48-52.

［34］潘定，潘云珊．基于语义的 XBRL 与商务智能应用的融合 ［C］．中国会计学会 2011 学术年会，2011.

［35］Michael Alles，Maciej Piechocki. Will XBRL improve corporate governance? —A framework for enhancing governance decision making using interactive data ［J］. International Journal of Accounting Information Systems，2012（13）：91-108.

［36］ R Debreceny, C Felden. XBRL for Interactive Data ［M］. Springer,2009.

［37］ Zhao X, Huang Z. A formal framework for reasoning on metadata based on CWM ［R］. ER2006, LNCS 4215, 2006：371-384.

［38］ Melnik S. Generic model management-concept and algorithms ［M］. Springer, 2004.

［39］ Debreceny. Financial reporting in XBRL on the SEC's EDGAR system：A critique and evaluation ［J］. Journal of Information Systems, 2005, 19（2）：191-210.

［40］ 胡仁昱，朱建国. 财会信息资源元数据标准的研究 ［J］. 会计研究，2008（7）：43-48.

［41］ 李吉梅，杜美杰. 基于 XBRL 的异构财务信息集成算法研究 ［J］. 吉林大学学报（工学版），2012（9）：266-270.

［42］ O'Riain S, Curry E, Harth A. XBRL and open data for global financial ecosystems：A linked data approach ［J］. International Journal of Accounting Information Systems, 2012, 13（2）：141-162.

［43］ Schmiedel A. Temporal terminological logic ［C］. Proc. of AAAI-90, 1990：640-645.

［44］ Schild K. Combining terminological logics with tense logic ［C］. Proc. of EPIA-93, LNCS 727, Springer, 1993：105-120.

［45］ Artale A, Franconi E. A temporal description logic for reasoning about actions and plans ［J］. Journal of Artificial Intelligence Research, 1998（9）：463-506.

［46］ Lutz C. Combining interval-based temporal reasoning with general TBoxes ［J］. Artificial Intelligence, 2004, 152（2）：235-274.

［47］ Lutz C, Milicic M. A tableau algorithm for DLs with concrete domains and GCIs ［J］. Journal of Automated Reasoning, 2007, 38（1-3）：227-259.

［48］ Franz Baader, Silvio Ghilardi, Carsten Lutz. LTL over description logic axioms ［C］. 19th International Conference on Principles of Knowledge Representation and Reasoning, 2008：684-694.

［49］ A Borgida, L Serafini. Distributed description logics：Assimilating information from peer sources ［J］. Journal of Data Semantics，2003，1（1）：153-184.

［50］A Borgida，L Serafini. Distributed description logics：Directed domain correspondences in federated information sources ［C］//Meersman，Tari. On the move to meaningful internet systems，LNCS2519. Berlin：Springer-verlag，2002：36-53.

［51］L Serafini，A Tamilin. Local tableaux for reasoning in distributed description logics ［C］//V Haarslev，R Moeller. Proc. of 2004 International Workshop on Description Logics. Aachen，Germang：CEUR2WS1 org，2004：100-109.

［52］L Serafini，A Tamilin. DRAGO：Distributed Reasoning Architecture for the Semantic Web ［C］. LNCS3532. Proc. of 2nd European Semantic Web Conf. Berlin：Springer，2005：361-376.

［53］蒋运承，史忠植，汤庸等. 一种分布式动态描述逻辑 ［J］. 计算机研究与发展，2006，43（9）：1603-1608.

［54］赵晓非，黄志球. 基于CWM的元数据的形式化推理框架研究 ［J］. 计算机研究与发展，2007，44（5）：829-836.

［55］张永雄. 基于事项法的会计信息系统构建研究 ［J］. 会计研究，2005（10）：29-34.

［56］周喜. 基于事项法与价值法的会计信息系统比较分析 ［J］. 会计之友，2011（7）：100-102.

［57］李端生，续慧泓. 论信息需求与会计信息系统的发展 ［J］. 会计研究，2005（6）：40-44.

［58］黄映辉. Ontology 的 Gruber 定义：中文语境理解 ［J］. 计算机工程与设计，2008（4）：2125-2130.

［59］柯贤达，王英林. 面向知识管理系统的本体进化管理框架 ［J］. 计算机工程，2009（1）：71-73.

［60］王兴，何婷婷，庄超. 本体演化及本体的版本管理机制研究 ［J］. 计算机与数字工程，2006（7）：7-10.

［61］Baader F，Calvanese D，McGuinness D，et al. The description logic handbook：Theory，implementation and applications ［M］. Cambridge：Cambridge University Press，2003.

［62］O'Riain S, Harth A, Curry E. Linked data driven information systems as an enabler for integrating financial data ［M］//Yap A. Information Systems for Global Financial Markets：Emerging Developments and Effects, 2012：239-270.

［63］吕志明. XBRL 财务报告研究 ［M］. 北京：经济科学出版社，2012.

［64］中国 XBRL 分类标准基础技术规范 ［EB/OL］. http：//www. xbrl-cn. org/2012/0507/74093. shtml.

［65］会计信息质量特征研究课题组. 对建立我国会计信息质量特征体系的认识 ［J］. 会计研究，2006（1）：16-24.

［66］Ching Hsu. SXRS：An XLink-based recommender system using semantic web technologies ［J］. Expert Systems with Applications, 2009（36）：3785-3804.

［67］XQuery 1. 0：An XML query language ［EB/OL］. http：//www. w3. org/TR/xquery/.

［68］古华茂. 描述逻辑概念可满足性推理研究 ［D］. 浙江大学博士学位论文，2009.

［69］梅婧，林作铨. 从 ALC 到 SHOQ（D）：描述逻辑及其 Tableau 算法 ［J］. 计算机科学，2005（3）：1-11.

［70］Baader F, Sattler U. An overview of tableau algorithms for description logics ［J］. Studia Logica, 2001, 69（1）：5-40.

［71］Arora Sanjeev, Barak Boaz. Computational complexity：A modern approach ［M］. Cambridge：Cambridge University Press, 2009.

［72］Roberto García, Rosa Gil. Triplificating and linking XBRL financial data ［C］. Proceedings of the 6th International Conference on Semantic Systems, 2010.

［73］XBRL 抽象模型 2. 0 ［EB/OL］. http：//www. xbrl. org/Specification/abstractmodel-primary/PWD-2012-06-06/abstractmodel-primary-PWD-2012-06-06. html.

［74］MOF 模型 ［EB/OL］. http：//www. omg. org/spec/MOF/.

［75］Spinellis D. Version control systems ［J］. IEEE, 2005, 22（5）：108-109.

［76］XBRL Versioning 1. 0 ［EB/OL］. http：//www. xbrl. org/specification/versioning-base/rec-2013-02-27/versioning-base-rec-2013-02-27. html.

［77］Javier Mora Gonzálbez. An approach to a XBRL taxonomy versioning strategy ［EB/OL］. http：//www. eurofiling. info/data/documents/An%20approach%20to%20a%20XBRL%20taxonomy%20versioning%20strategy. pdf.

［78］Ding Wang, Qilu Cao, Huang Min, et al. The application of versioning technology in XBRL taxonomy engineering ［C］. Proceedings of International Conference on Computer Science and Information Technology, Advances in Intelligent Systems and Computing, Springer, 2014：733-738.

［79］Arelle Work Group ［EB/OL］. http：//arelle. org/.

［80］曹健，张友良，赵海燕. 协同设计的版本管理 ［J］. 计算机集成制造系统，1998（6）：16-20.

［81］中国 XBRL 技术规范 ［EB/OL］. http：//www. xbrl-cn. org/2012/0507/74093. shtml.

［82］XBRL Consistency Suite ［EB/OL］. http：//csuite. xbrl. us/help/ccHelp. html#mozTocId555176.

［83］范轶，牟冬梅. 本体构建工具 Protégé 与 KAON 的比较研究 ［J］. 现代图书情报技术，2007（8）：18-21.

［84］Friedman, E J Jess. The Rule Engine for the Java Platform ［EB/OL］. http：// herzberg. ca. sandia. gov/jess/，2003-11-21.

［85］徐德智，汪智勇，王斌. 当前主要本体推理工具的比较分析与研究 ［J］. 现代图书情报技术，2006（12）：12-15.

［86］Zou Y, Finin T, Chen H. F-OWL：An inference engine for the semantic web ［EB/OL］. http：//fowl. sourceforge. net/2003.

附录 1

XML 文件提取元数据到数据库的核心代码

```java
public class XmltoXbrl
{
    private static SAXBuilder sax;
    public static void main(String[]args)throws JDOMException
    {
        List<String>c1 = new ArrayList<String>();
        List<String>c2 = new ArrayList<String>();
        String str = null;
        String CorS = null;
        if(args.length = = 0)
        {
            System.out.println("请输入参数: \"文件名.xml 文件名.xsd \"");
            System.exit(1);
        }
        else if(args.length = = 1)
        {
            System.out.println("请输入完整的参数: \"文件名.xml 文件
            名.xsd \"");
            System.exit(1);
```

```
        }
        else if( args. length > = 2)
        {
            for( int i = 0; i<args. length; i++)
            {
                int index = args[ i]. indexOf('.') ;
                str = args[ i]. substring( index+1) ;
                if( "xml". equals( str) )
                {
                    c1. add( args[ i] ) ;
                }
                else
                {
                    c2. add( args[ i] ) ;
                }
            }
        }
sax = new SAXBuilder( ) ;
Document doc = new Document( ) ;
Namespace ns1 = Namespace. getNamespace ( " xbrli " ," http: //www. xbrl. org/
2003/instance" ) ;
Namespace ns2 = Namespace. getNamespace ( " link " ," http: //www. xbrl. org/
2003/linkbase" ) ;
Namespace ns3 = Namespace. getNamespace ( " xlink " ," http: //www. w3. org/
1999/xlink" ) ;
Element root = new Element( "xbrl", ns1) ;
doc. setRootElement( root) ;
List<Namespace>ns = new ArrayList<Namespace>( ) ;
for( int i = 0; i<c2. size( ) ; i++)
```

```
    {
        ns. add( Namespace. getNamespace ( " p" +i,  Schema. getURI ( ( String ) c2. get
        ( i) ) ) ) ;
        root. addNamespaceDeclaration( ns. get( i) ) ;
    }
Namespace ns5 = null ;
if( XML. hasUnitinfo( ( String) c1. get( 0) ) )
    {
        ns5 = Namespace. getNamespace ( " iso4217" ," http: //www. xbrl. org/2003/
        iso4217" ) ;
    }
root. addNamespaceDeclaration( ns1) ;
    root. addNamespaceDeclaration( ns2) ;
root. addNamespaceDeclaration( ns3) ;
root. addNamespaceDeclaration( ns5) ;
Element el1 = new Element( " schemaRef" ,  ns2) ;
Element el2 = new Element( " context" ,  ns1) ;
Element el3 = new Element( " entity" ,  ns1) ;
Element el4 = new Element( " identifier" ,  ns1) ;
Element el5 = new Element( " period" ,  ns1) ;
Element el6 = new Element( " startDate" ,  ns1) ;
Element el7 = new Element( " endDate" ,  ns1) ;
Element el8 = new Element( " unit" ,  ns1) ;
List elementList = XBRL. addElement ( ns. get ( 0) . getPrefix ( ) ,  Schema. getURI
( ( String) c2. get( 0) ) ,  c1. get( 0) ,  c2. get( 0) ) ;
Element el9 = new Element( " measure" ,  ns1) ;
if( c2. size( ) >1)
    {
        CorS = " complex" ;
```

```
    }
else
    {
        CorS = "simple";
    }
Attribute at1 = new Attribute("type", CorS, ns3);
Attribute at2 = new Attribute("href", (String)c2.get(0), ns3);
Attribute at3 = new Attribute("id", XML.getContextID(c1.get(0)));
Attribute at4 = new Attribute("schema", ns.get(0).getURI());
Attribute at5 = new Attribute("id", XML.getUnitID(c1.get(0)));
el1.setAttribute(at1);
el1.setAttribute(at2);
el2.setAttribute(at3);
el4.setAttribute(at4);
el8.setAttribute(at5);
el4.setText(XML.getCompanyName((String)c1.get(0)));
el6.setText(XML.getStartDate((String)c1.get(0)));
el7.setText(XML.getEndDate((String)c1.get(0)));
el9.setText(XML.getMoneyUnit((String)c1.get(0)));
el3.addContent(el4);
if(Schema.judgePeriodType(c2.get(0), ns1))
    {
        el5.addContent(el6);
        el5.addContent(el7);
    }
el2.addContent(el3);
el2.addContent(el5);
el8.addContent(el9);
root.addContent(el1);
```

```
root. addContent( el2 ) ;

root. addContent( el8 ) ;

for( int i = 0 ; i<elementList. size( ) ; i++ )

{

    root. addContent( ( Element) elementList. get( i) ) ;

}

XBRL. print2( doc ) ;

}

}
```

附录 2

元数据库与本体转换核心代码

```
public class CreateOntology {
//连接数据库
……
//从数据库导出数据创建本体
……
OntModel m = ModelFactory. createOntologyModel ( OntModelSpec. OWL _ DL _
MEM， null)；
String exNs="http：//www. owl-ontologies. com/Ontology1395882127. owl#"；
int j；
int j1；
int j2；
int j3；
int n1；
int k=1；
int n=1；
boolean tr；
String[ ]same=new String[200]；
String[ ]sum1=new String[1000]；
int[ ]same1=new int[1000]；
```

```
int[ ]same2 = new int[1000];
OntClass Mroot = m. createClass( exNs+root);
OntClass Mroot1 = m. createClass( exNs+root1);
OntClass Mroot2 = m. createClass( exNs+root2);
OntClass Mroot3 = m. createClass( exNs+root3);
OntClass a1 = m. createClass( exNs+a[0]);
OntClass a2 = m. createClass( exNs+sa[0]);
Mroot. addSubClass( Mroot1);
Mroot1. addSubClass( Mroot2);
Mroot2. addSubClass( Mroot3);
Mroot3. addSubClass( a1);
Mroot3. addSubClass( a2);
for( j=1; j<i4; j++)
    {
        d1[j] = m. createDatatypeProperty( la[j]);
        d1[j]. addDomain( a1);
    }
ca[1] = ca[1] +"1";
for( j=1; j<ci; j++)
    {
        d2[j] = m. createDatatypeProperty( exNs+ca[j]);
        d2[j]. addDomain( a2);
    }
for( j=1; j<i; j++)
    {
        b[j] = m. createIndividual( exNs+a[j], a1);
    }
for( j=1; j<ci1; j++)
    {
```

```
            cb[j] =m. createIndividual( exNs+sa[j], a2);

    }
for(j=1; j<78; j++)

    {

        while( k<4)

        {

            if( da[n] = =null) { da[n] =" null" ; }
            b[j]. addLiteral( d1[k], da[n]);
            k++;
            n++;

        }
        k=1;

    }
    k=1; n=1;
    for(j=1; j<ci1; j++)

    {

        while( k<7)

        {

            if( cda[n] = =null) { cda[n] =" null" ; }
            cb[j]. addLiteral( d2[k], cda[n]);
            k++;
            n++;

        }
        k=1;

    }
    k=1;
    for(j=1; j<ci1; j++)

    {

        sum1[j] =cda[k] +cda[k+1] +cda[k+2] +cda[k+3] +cda[k+4] +cda[k
```

```
    +5];
    k = k+6;
    System. out. println( j) ;
    System. out. println( sum1[ j] ) ;
  }
  n1 = 1;
  for( j = 1; j<ci1; j++)
  for( j1 = 1; j1<ci1; j1++)
    if( sum1[ j]. equals( sum1[ j1] ) && j! = j1)
    {
        System. out. println( j) ;
        same1[ n1] = j;
        same2[ n1] = j1;
        sum1[ j1] = " null" ;
        n1++;
    }
    j3 = 1;
FileOutputStream out1 = new FileOutputStream( "D: /ontology/xbrlontotest. owl" ) ;
m. write( out1 ," RDF/XML" ," http: //www. owl−ontologies. com/Ontology13958
82127. owl#" ) ;
System. out. println( "导出成功" ) ;
OntModel newmodel1 = ModelFactory. createOntologyModel( OntModelSpec. OWL_
MEM) ;
newmodel1. read( "file: D: /ontology/xbrlontotest. owl" ) ;
System. out. println( "已读取模型" ) ;
List rules = Rule. rulesFromURL( "file: D: \\xbrlontology \\reasoning. rules" ) ;
GenericRuleReasoner ReasonerRegistry. getOWLReasoner ( ) = new GenericRul-
eReasoner( rules) ;
InfModel inf = ModelFactory. createInfModel( reasoner, newmodel1) ;
```

```
ValidityReport validity = inf. validate( ) ;
tr = validity. isValid( ) ;
if( validity. isValid( )&& n1 = = 0) {
    System. out. println( " Consistency checking Passed" ) ;
    }
if( tr = = false) {
    System. out. println( " Conflicts" ) ;
    for( Iterator i6 = validity. getReports( ) ; i6. hasNext( ) ; ) {
        ValidityReport. Report report = ( ValidityReport. Report) i6. next( ) ;
        System. out. println( " -" +report) ;
        }
    }
if( n1 !  = 0) {
    while( j3<n1 )
    {
    System. out. println ( " Equality checking failed, there exists equality confil-
    its" ) ;
    System. out. println( " Details: " +sa[ same1[ j3 ] ] +" and " +sa[ same2[ j3 ] ] +"
    are the same under TDLRBR but might be different from some perspective. " ) ;
    j3++;
    }
    }
}
```

附录 3

Jena 推理规则

等价性推理规则：

rule1：（?C hasinstance ?c1）（?C hasinstance ?c2）（?R hasproperty ?p1）（?R hasproperty ?p2）（?R hasproperty ?p3）（?R hasproperty ?p4）（?R hasproperty ?p5）（?R hasproperty ?p6）（?S hasproperty ?t1）（?S hasproperty ?t2）（?S hasproperty ?t3）（?S hasproperty ?t4）（?S hasproperty ?t5）（?S hasproperty ?t6）（p1 notEqual p2）（p2 notEqual p3）（p3 notEqual p4）（p4 notEqual p5）（p5 notEqual p6）（t1 notEqual t2）（t2 notEqual t3）（t3 notEqual t4）（t4 notEqual t5）（t5 notEqual t6）（p1 Equal t1）（p2 Equal t2）（p3 Equal t3）（p4 Equal t4）（p5 Equal t5）（p6 Equal t6）->（c1 Equal c2）

互斥性推理规则：

rule2：（?C hasinstance?c）（?D hasinstance?c）（?C disjoinwith?D）->Conflicts

分布式概念一致性推理规则：

rule3：（?x http：//www. owl–ontologies. com/Ontology1395882127. owl#xlink：href?y）->（x Equal y）